AF813571

संस्कृत नाटक
और
नाटककार

डॉ. रामअवध पाण्डेय
श्री रविनाथ मिश्र

The Bhartiya Vidya Sansthan
SA 17/1-J-1-A, Krishna Nagar Colony
Pahariya, Varanasi-221007
Mob.-9118210052

The Bharatiya Vidya Prakashan
Since 1966
www.tbvp.in

द भारतीय विद्या प्रकाशन
दुकान नं0 84, 85, 86 द्वितीय मंजिल,
धर्म संघ भवन, दुर्गाकुण्ड पेट्रोल पम्प के सामने,
दुर्गाकुण्ड रोड, वाराणसी–221005

Email: the.bvpbooks@gmail.com
www.tbvp.in
Tel: + 91-542-2310500
Mob: + 91 9307889997

संस्करण : 2018
I.S.B.N. : 978-81-935395-0-7

Price : ₹ 315/-

© सर्वाधिकार सुरक्षित है, इस पुस्तक के इस संस्करण का कोई भी भाग किसी भी उद्देश्य से किसी भी रूप में प्रकाशक की अनुमति के बिना प्रकाशित नहीं किया जा सकता है।

मुद्रक :
क्रिएटिव ग्राफिक्स, दुर्गाकुण्ड, वाराणसी
Web - www.mycgds.com | Mob - + 91 - 7054123488

अन्य प्राप्ति स्थान :

- भारतीय बुक कॉरपोरेशन
  प्रथम तल, 1, यू.बी. जवाहर नगर,
  बंग्लो रोड, दिल्ली – 110007

- न्यू भारतीय बुक कॉरपोरेशन
  208, द्वितीय तल, प्रकाश दीप,
  अंसारी रोड, 4735/22,
  दरियागंज, नई दिल्ली – 110002

- भारतीय विद्या प्रकाशन
  5825, न्यू चन्द्रावल,
  शिव मन्दिर के पास,
  जवाहर नगर, दिल्ली – 110007

- भारतीय विद्या प्रकाशन
  सी.के. 32/30 नेपाली खपड़ा,
  कचौड़ीगली, वाराणसी – 221001

- भारतीय विद्या संस्थान
  सी. 27/65, जगतगंज,
  वाराणसी – 221002

विषय-सूची

निवेदन

'संस्कृत-नाटक और नाटककार' नामक यह पुस्तक उन लोगों को दृष्टि में रखकर तैयार की गयी है जो या तो कोमल-मति बालक हैं या जिनमें संस्कृत के मूल नाटकों को पढ़कर उसका रसास्वादन करने की क्षमता नहीं है। यही कारण है कि इन कथाओं को हिन्दी-रूप देते समय मूल रूपकों के ही अनुसार सूत्रधार, नेपथ्य आदि शब्दों का प्रयोग किया गया है और कथा का क्रम भी प्रायः मूल ग्रन्थों में वर्णित क्रमानुसार ही रखा गया है। भरसक ऐसा प्रयत्न किया गया है कि इस पुस्तक के पढ़ने के बाद केवल मूल भाषा का ही आस्वादन अवशिष्ट रहे, कथा की भङ्गिमा में कोई सर्वथा खटकनेवाला विघ्न न उपस्थित हो जाय। मूल रूपकों में समाप्त होनेवाले अङ्कों की समाप्ति की सूचना भी दे दी गयी है।

साथ ही यह भी प्रयत्न किया गया है कि इस छोटी सी पुस्तक में प्रायः कालक्रम और रूपकों के प्रतिनिधि भेद भी सुरक्षित रह सकें, अतएव भास से जयदेव तक (द्वितीय शती ई0 50 से 13 शती ई0 तक) के प्रतिनिधि नाटक, नाटिका, प्रकरण तथा सट्टक को लिया गया है।

अन्त में इसे तैयार करने में जिन ग्रन्थों एवं ग्रन्थकारों की सहायता ली गयी है उन सबको सादर अभिवादन करके इसको लिखने में सहायता करनेवाले चि0 प्रियव्रत पाण्डेय को साशीः धन्यवाद दिया जा रहा है। यदि भारतीय विद्या प्रकाशन, वाराणसी के सञ्चालक प्रिय बाबू किशोर चन्द्रजी जैन ने प्रोत्साहित न किया होता तो..... अतः वे सर्वथा धन्यवाद के पात्र हैं।

रामअवध पाण्डेय

रविनाथ मिश्र

स्वप्नवासवदत्तम्

प्रथम अंक

संस्कृत-साहित्य के उपासकों—आचार्यों, कवियों, नाटककारों आदि में शायद ही कोई मिले जिसके देश-काल के सम्बन्ध में पूरी जानकारी मिल रही हो और इस कथन के अपवाद भास भी नहीं हैं। महाकवि कालिदास ने अपने मालविकाग्निमित्र नामक नाटक के प्रारम्भ में अपने पूर्ववर्त्ती नाटककारों में भास, सौमिल्ल तथा कविपुत्र आदि को माना है। अतः इतना स्पष्ट हो पाता है कि कालिदास के समय में भास के नाटक स्पृहणीय सिद्ध हो चुके थे। भास की प्रशंसा वाण, दण्ड्री, वाकपतिराज, राजशेखर, जयदेव, जोनराज, शारदातनय सन्ध्याकर बन्दी आदि विद्वानों ने की है। यह सब होने पर भी वर्तमान समय में भास के नाटक मिलते नहीं थे। सन् 1906 ई0 में गवर्नमेण्ट ओरियण्टल मैनुस्क्रिप्ट लाइब्रेरी, मद्रास के लेखक श्री सम्पत् कुमार चक्रवर्त्ती को स्वप्नवासवदत्त और प्रतिज्ञायौगन्धरायण की एक-एक प्रति मिली और उन्होंने देवनागरी लिपि में रूपान्तरित किया, किन्तु भास के नाटकों के सम्बन्ध में अधिक जानकारी तब हुई जब सन् 1912-13 ई0 में महामहोपाध्याय टी0 गणपति शास्त्री ने 13 रूपकों को संपादित कर प्रकाशित किया। ये रूपक इस प्रकार हैं–1. प्रतिज्ञायौगन्धरायण 2. स्वप्नवासवदत्त 3. प्रतिमा 4. अभिषेक 5. पञ्चरात्र 6. बालचरित 7. मध्यमव्यायोग 8. दूतवाक्य 9. दूतघटोत्कच 10. कर्णभार 11. उरुभङ्ग 12. चारुदत्त 13. अविमारक। विद्वानों का मत है कि इनके तीस रूपक हैं।

जैसा कि ऊपर कहा जा चुका है कि भास ने अपने सम्बन्ध में कुछ भी लिखा नहीं है किन्तु इनके रूपक यतः मलयालम लिपि में ही मिले अतः इन्हें कुछ लोग दक्षिणात्य मानते हैं तथा कुछ लोग यह भी सोचते हैं कि यवनों के आक्रमण का मुख्य केन्द्र उत्तर भारत ही था; अतः उनकी उत्तर भारत में प्राप्त लिपियाँ नष्ट हो गयी हैं और इनके रूपकों के रसिक किसी दक्षिणात्य विद्वान् ने अपने लिपि में रूपान्तरित कर रखा हो और वे सुरक्षित मिल गयीं क्योंकि इनके रूपकों की रचनाशैली, प्रतिपाद्य एवं परिस्थितियों के देखने से ऐसा प्रतीत होता है कि उज्जयिनी के पास ही कहीं के थे। भास के ब्राह्मण होने के स्पष्ट संकेत मिलते हैं। यद्यपि इन्होंने श्रीराम और श्रीकृष्ण की कथाओं को अधिक आधार बनाया है तथापि ये विष्णु और शिव दोनों के समान उपासक थे।

भास के रूपकों की भाषा सरल एवं सुबोध है। महाकवि कालिदास की प्रौढ़ता चाहे न मानें परन्तु अपनी भाषा की स्पष्टता भी इनके रूपकों के प्रचार में पर्याप्त सहायक रही है। चाहे रूपक का प्रधान रस जो रहा हो अङ्गी रसों का प्रतिपादन भी अत्यन्त उत्कृष्ट बन पड़ा है और यही कारण है कि भास ने जिस रस का जहाँ समावेश किया है वहाँ वही रस प्रेक्षकों को प्रभावित किये बिना नहीं रहता। इनके सभी पात्र सजीव एवं अपने-अपने कर्त्तव्यों के प्रति सर्वथा जागरूक हैं। इनका विदूषक जहाँ एक ओर हास-परिहास में कुशल है वहीं वह कठिन से कठिन परिस्थितियों में सच्चे मित्र का कर्त्तव्य निभाने में भी अग्रणी है। भास ने प्रकृति की कोमलता के वर्णन के साथ ही उसकी उग्रता को आँख से ओझल नहीं किया है।

भास के रूपकों की इतनी बड़ी संख्या देखकर इसे 'भासनाटकचक्र' कहा जाता है किन्तु इनमें 'स्वप्नवासवदत्तम्' को श्रेष्ठ माना जाता था। सूक्तिमुक्तावलि में राजशेखर ने लिखा है—

भासनाटकचक्रेऽपिच्छेकैः क्षिप्रे परीक्षितुम्।
स्वप्नवासवदत्तस्य दाहकोऽभून्न पावकः॥

यद्यपि यह सत्य है कि भास के अधिकांश रूपक रामायण की कथा पर आधारित हैं किन्तु स्वप्नवासवदत्त की कथा बृहत्कथामञ्जरी तथा कथासरित्-सागर से ली गयी है। भारतीय जनमानस पर वत्सराज उदयन की कथ्रा रामायण और महाभारत की कथाओं से कम प्रभाव डालनेवाली नहीं रही है।

कथावस्तु—वत्सराज उदयन अपने समय के बड़े प्रतापी राजा थे। अन्य सुरों के साथ ही वीणा-वादक के रूप में वे प्रसिद्ध थे। उनकी वीणा का नाम घोषवती था। वे वीणा बजाकर जंगली हाथियों को भी बझा लिया करते थे। वीणा बजाकर हाथी पकड़ने के लिए एक बार जंगल गये और वहीं अवन्तीनरेश चण्डमहासेन प्रद्योत के सेवकों द्वारा पकड़कर बन्दी बना लिये गये। ये बन्दी तो बनाये गये किन्तु बन्दी-गृह में इन्हें सारी सुविधायें दी गयी थीं और राजा प्रद्योत ने इनके वीणा-वादन के गुण की प्रसिद्धि यतः सुन रखी थी अतः अपनी राजकुमारी वासवदत्ता को वीणा सिखलाने के लिए इनसे कहा। राजा प्रद्योत इस लालच में भी थे कि वीणा सिखाने के बहाने जब वासवदत्ता का इनसे पूर्ण परिचय हो जायगा तो इन्हीं से वासवदत्ता का विवाह कर दिया जायगा। उदयन वासवदत्ता को वीणा सिखाने लगे। यौगन्धरायण राजा उदयन के अत्यन्त विश्वासपात्र राजनीतिप्रवीण महामात्य थे। राजा उदयन अपने महामात्य की सहायता से वासवदत्ता के माता-पिता की अनुमति के बिना ही वासवदत्ता को लेकर भाग

गये और स्वदेश लौटकर धार्मिक-विधि से वासवदत्ता से विवाह कर लिया। राजा उदयन वासवदत्ता से इतने प्रसन्न थे कि उनका प्रायः सारा समय वासवदत्ता के साथ ही बीत जाता था। इनके राज्य का सारा भार एक प्रकार से इनके महामात्य यौगन्धरायण पर ही था। इनके अनेक शत्रु थे जिन्हें उत्साहित करने के लिए यौगन्धरायण अहर्निश सतर्क एवं सचेष्ट रहता था। उस समय मगधराज बड़े शक्तिशाली राजा थे। यौगंधरायण यह समझते थे कि शत्रुओं का उच्छेद करने में मगधराज से पर्याप्त सहायता ली जा सकती है और यौगन्धरायण ने ज्योतिषी की यह भविष्यवाणी भी सुन रखी थी कि मगधराज की बहन पद्मावती से राजा उदयन का विवाह होगा। यौगन्धरायण के समक्ष कठिनाई यह थी कि राजमहिषी वासवदत्ता के रहते हुए मगधराज की बहन पद्मावती से उदयन का विवाह एक प्रकार से असम्भव सा है। वासवदत्ता के प्रति उदयन का प्रेम देखकर और मगधराज की प्रतिष्ठा को ध्यान में रखकर यौगन्धरायण को ज्योतिषी की भविष्यवाणी की सफलता में भी कभी-'कभी सन्देह हो जाता था किन्तु यौगन्धरायण बहुत बड़े राजनीतिज्ञ थे और राजा उदयन के हित में ही अपना सम्पूर्ण जीवन समर्पित कर रहे थे। यौगन्धरायण ने इन सारी कठिनाइयों को वासवदत्ता से समझा कर कहा। वासवदत्ता ने राजा एवं राज्य के हित को देखते हुए कुछ भी उचित कार्य करने की छूट यौगन्धरायण को दे दी। एक समय राजा उदयन शिकार खेलने चले गये। वासवदत्ता भी साथ थी जिसे लावाणक नाम के ग्राम में डाले गये डेरे में छोड़ गये थे। यौगन्धरायण ने इसे अच्छा अवसर समझा और बिना किसी को बताये पटकुटीर में आग लगा दी और यह प्रवाद फैला दिया कि इसी आग में वासवदत्ता और यौगन्धरायण दोनों जल मरे। यौगन्धरायण ने संन्यासी का वेष धारण कर लिया और वासवदत्ता को लेकर बहुत दूर जंगल में निकल गये। मगधराजकुमारी पद्मावती अपनी माँ को देखने के लिए उधर से ही निकलीं। रास्ते में आश्रम देखकर थोड़ा रुकीं और अपने कंचुकी से यह घोषणा करवायी कि जिस किसी को कोई आवश्यकता हो वह पद्मावती से बिना हिचक माँगे। उस आश्रम में कोई ऐसा न था जिसे मगधराज के प्रभाव से किसी वस्तु का अभाव खटक रहा हो और माँगे। इतने में ही संन्यासी वेषधारी यौगन्धरायण उठा और राजकुमारी से कहा कि मैंने संन्यास व्रत ले लिया है। मेरे साथ यह प्रोषिकपतिका मेरी भगिनी है, इसे लेकर मैं कहाँ-कहाँ घूमूँ और संन्यासी के साथ युवती स्त्री का रहना भी उचित नहीं। अतः राजकुमारी से प्रार्थना है कि वे मेरे ऊपर दया कर मेरी इस अनाथ भगिनी को अपने संरक्षण में लें और तब तक इसकी रक्षा करें जब तक मैं स्वयं इसे लेने न आऊँ। कंचुकी के द्वारा पद्मावती ने अपनी स्वीकृति भेज दी। यौगन्धरायण ने आभार जाया। यह सब हो ही रहा था कि घबड़ाया हुआ एक ब्रह्मचारी आया और

उसने लावाणक ग्राम की लगी आग में महामात्य यौगन्धरायण के साथ वासवदत्ता के जल जाने पर इन दोनों के विरह में दुख से उद्विग्न एवं व्याकुल राजा उदयन का वृत्तान्त बताया। ब्रह्मचारी चला गया और यौगन्धरायण भी मन ही मन अपनी सफलता पर प्रसन्न होता हुआ अनुमति पाकर चला गया। तापसी का आशीर्वाद लेकर वे दोनों पर्णशाला में चली गयीं।

द्वितीय अंक

वासवदत्ता ने पद्मावती के साथ रहकर अपने गम्भीर एवं सुमधुर व्यवहार से न केवल राजकुमारी पद्मावती के ही हृदय को प्रत्युत सभी सेवकों के हृदय को भी! जीत लिया। पदमावती तो वासवदत्ता के बिना क्षण भर भी पृथक रह नहीं सकती थी। पद्मावती और वासवदत्ता गेंद खेल रही थीं। धायी ने आकर सूचना दी कि मगधराज ने उदयन और पद्मावती का विवाह रचा है और राजा उदयन की स्वीकृति भी मिल गयी है। वासवदत्ता ने उनकी कुशलता पूछी और यह भी पूछा कि क्या राजा ने स्वयं राजकुमारी को स्वीकार किया है?' धायी ने कहा–नहीं, नहीं। वे सकुशल दूसरे किसी काम से यहाँ आये हुए थे, उनके कुल, ज्ञान, वय और रूप को देखकर महाराज ने स्वयं ही उन्हें दे दिया। बस! आप शीघ्रता करें।

तृतीय अंक

पद्मावती के साथ उदयन के विवाह के वृत्तान्त से वासवदत्ता दुखी थी। अपने को बहलाने के लिए वह प्रमदवन में गयी। वासवदत्ता को खोजते हाथ में फूल लिए एक चेरी प्रमदवन में वासवदत्ता के पास आयी और पद्मावती के विवाह के लिए वासवदत्ता से कौतुकमालिका तैयार करने को कहा। वासवदत्ता दुखी तो थी ही, मन में विचार करने लगी कि ऐसी विधि की विडम्बना है कि कौतुकमालिका भी मुझे ही तैयार करनी है। वासवदत्ता ने सुन्दर हार तैयार किया। दूसरी चेरी आयी और हार ले गयी। वासवदत्ता उदयन के इस द्वितीय विवाह से अत्यन्त दुखी थी, इसलिए शयनागार में चली गयी।

चतुर्थ अंक

विदूषक बैठा था कि दासी ने आकर यह जानना चाहा कि राजा उदयन स्नान आदि कर चुके हैं कि नहीं। यदि स्नान कर चुके हों तो चन्दन, फूल आदि ला दूँ।विदूषक ने कहा—वे नहा चुके हैं और भोजन की सामग्री छोड़कर सब कुछ ला सकती हो, क्योंकि मेरा पेट ठीक नहीं है। अन्न ठीक से पच नहीं रहा है। पद्मावती

वासवदत्ता तथा अन्य परिजनों के साथ प्रमदवन में आयी। एक-एक फूल और एक-एक लता को देखा, सँभाला। वह इसलिए ऐसा कर रही थी कि जब राजा इधर आवें तो इन्हें देखकर प्रसन्न हों। दासी ने पद्मावती का राजा के प्रति प्रेम देखकर प्रस्ताव किया कि राजकुमारी, अपने पति से वीणा सिखाने के लिए निवेदन करें। पद्मावती ने कहा—'कहा ही था किन्तु बिना कुछ कहे ही ऊँची श्वास लेकर चुप हो गये और मुझे ऐसा लगा कि आर्या वासवदत्ता के गुणों का स्मरण कर उदारता के कारणबस मेरे सामने रोये नहीं। वासवदत्ता चुपचाप सुन रही थी और मन ही मन अपने को धन्य मान रही थी। इतने में राजा और विदूषक भी उधर ही निकल आये। राजा की आँखोंसे बचने के लिए पद्मावती आदि माधवीलतामण्डप में चली गयीं। प्रचण्ड धूप से बचने के लिए राजा और विदूषक भी लतामण्डप में ही जाना चाहते थे कि चेरी ने उन्हें रोकने के लिए लता को झकझोर दिया। भौंरे उड़ने लगे। अतः वे दोनों बाहर ही बैठ गये। पद्मावती आदि को यह एक अच्छा अवसर मिला कि लता में छिपी-छिपी राजा और विदूषक की विश्वस्त बातों को सुन सकेंगी। विदूषक ने राजा से पूछा—ःमहाराज! तुम्हें पद्मावती और वासवदत्ता में कौन प्रिय है?' राजा ने पहले तो टालना चाहा किन्तु अधिक आग्रह करने पर उसने पद्मावती के रूप, शील और माधुर्य की प्रशंसा की, एवं लम्बी श्वास लेकर यह भी कहा कि सब कुछ होने पर भी पद्मावती मेरे मन से वासवदत्ता को नहीं भुलवा सकी। पद्मावती ने राजा की इस उदारता की सराहना की। विदूषक ने राजाको समझाया कि मैं वासवदत्ता का सम्मान करता हूँ। वे आदरणीया थीं किन्तु पद्मावती के गुण भी सर्वथा प्रशंसनीय हैं विदूषक का कहना सुनकर राजा के मस्तिष्क में वासवदत्ता की स्मृति जाग गयी और आँखों में आँसू भर गये। विदूषक मुँह धोने के लिए पानी लाने चला गया और अवसर पाकर वासवदत्ता लतामण्डप से निकल गयी। जाते समय उसने पद्मावती से निवेदन किया कि आप सामने जाकर महाराज को सँभालें। इतने में उधर से पानी लेकर विदूषक आ गया, उधर से पद्मावती भी आ गयी और राजा की आँखों में आँसू आने का कारण पूछा। विदूषक ने बताया—काशकुसुम के रेणुओं के पड़ जाने के कारण आँसू आ गये। राजा ने भी यही उत्तर दुहराया। विदूषक ने कहा—'महाराज! सम्भवतः अपराह्न में मगधराज आपके साथ अपने मित्रों से मिलना चाहेंगे, अतः चलें। सभी लोग वहाँ से चले गये।

पंचम अंक

पद्मिनिका और मधुरिका इन दोनों की बातों से ऐसा ज्ञात हुआ कि पद्मावती शिरोवेदना से पीड़ित थी और उसके लिए समुद्रगृह नाम के कमरे में शय्या बिछायी गयी थी। पद्मिनिका ने मधुरिका से कहा—जाओ, आर्या वासवदत्ता को बुला लाओ।

वे मीठी-मीठी कथाएँ सुनाकर पद्मावती की शिरोवेदना हल्की करें। मधुरिका वासवदत्ता को बुलाने चली गयी। पद्मिनिका ने विदूषक को ढूँढ़कर पद्मावती की अस्वस्थता का समाचार बताया और उस समाचार को राजा तक पहुँचाने का आग्रह किया। पद्मिनिका शीर्षानुलेपन लाने गयी और विदूषक राजा को पद्मावती का समाचार बताने गया। राजा वासवदत्ता के वियोग में दुखी बैठे थे, इतने में विदूषक ने आकर पद्मावती की अस्वस्थता का समाचार दिया। दोनों समुद्रगृह की ओर गये। समुद्रगृह में पद्मावती को न देखकर उसकी प्रतीक्षा करने के अभिप्राय से पद्मावती के लिए बिछायी गयी शय्या पर राजा लेट गये। सायंकालीन ठंडी हवा लगने के कारण राजाको नींद आ गयी। ठंढक से बचने के लिए विदूषक अपना दुपट्टा लाने चला गया। इसी बीच आवन्तिका (वासवदत्ता) और चेरी वहाँ आयीं। चेरी भी वासवदत्ता को समुद्रगृह में जाने को कहकर स्वयं शीर्षानुलेपन लाने चली गयी। वासवदत्ता समुद्रगृह में गयी और वहाँ सोये राजा को पद्मावती समझकर उसके पास लेट गयी। राजा स्वप्न देख रहे थे। स्वप्न में ही कहा—'हाय वासवदत्ता।' सहसा उठकर वासवदत्ता ने सोचा—आर्यपुत्र हैं, पद्मावती नहीं। क्या मैं देखी गयी? तब तो यौगन्धरायण की सारी योजना व्यर्थ हुई।' इतने में पुनः राजा ने कहा—'हाय, अविन्तिराजपुत्री।' सुनकर वासवदत्ता को ज्ञात हो गया कि राजा स्वप्न देख रहे हैं। उसे कुछ धैर्य हुआ और सोचा—वहाँ कोई मनुष्य नहीं है, अतः कुछ क्षण बैठकर हृदय को समझा लूँ। राजा ने पुनः कहा—'हा प्रिये, प्रिय शिष्ये! मुझे उत्तर दो।' 'देती हूँ उत्तर स्वामी, देती हूँ।' 'क्या तुम कुपित हुई हो।' 'नहीं नहीं, मैं दुःखी हूँ।' 'तो शरीर पर अलंकरण क्यों नहीं?' 'दुखी होने के कारण अलंकरण नहीं।' 'क्या विरंचिका की याद कर रही हो?' (क्रुद्ध होकर वासवदत्ता ने कहा—आह! हटिये, यहाँ भी विरंचिका?' राजा ने दोनों हाथ फैलाकर कहा—'अच्छा तो मनाता हूँ।' वासवदत्ता को भय लगा कि कहीं कोई देख न ले; अतः शय्या से लटकते हाथ को शय्या पर रखकर वहाँ से चली गयी। वासवदत्ता के हाथ का स्पर्श पाकर राजा को रोमाञ्च हो गया। परिचित स्पर्श पाकर वे जग गये। सहसा उठकर पुकारते हुए पीछे-पीछे दौड़े, परन्तु द्वारपक्ष से टकराकर रुक गये कि विदूषक आ गया। राजा ने विदूषक से वासवदत्ता को देखने की घटना बतायी तथा उसके जीवित होने की सम्भावना प्रकट की। विदूषक ने अनेक प्रकार से राजा को समझाया कि आपने स्वप्न देखा है क्योंकि वासवदत्ता की चर्चा करते हुए ही आप सोये थे। राजा और विदूषक महल में चले गये। इतने में सन्देशवाहक ने आकर मगधराजदर्शक को सन्देश सुनाया कि रुमण्वान् बड़ी सेना लेकर आरुणि पर चढ़ायी करने के लिए आ पहुँचा है और मगध की भी सेना तैयार है। राजा ने सुनकर तुरन्त तैयारी की और युद्ध के लिए प्रस्थान कर दिया।

षष्ठ अंक

महाराज उदयन के सूर्याभिमुख प्रासाद में जाकर किसी ने वीणा बजाई। उसे सुनकर महाराज ने पहचान लिया कि यह स्वर घोषवती (वासवदत्ता की वीणा) का है। राजा घबड़ाये-से जब गये और बजानेवाले से उस वीणा के मिलने का स्थान पूछा तो उसने बताया कि नर्मदा नदी के किनारे कुश की झाड़ी में यह वीणा पड़ी हुई थी और निवेदन किया कि यदि इसकी आवश्यकता महाराज को हो तो इसे मैं भेंट कर दूँ। राजा ने वीणा लेली और मूर्च्छित हो गये। सचेत होने पर राजा ने कहा—'घोषवती, तू दिखाई पड़ी वह तो नहीं दिखाई पड़ती। इतने में विदूषक आ गया। राजा विदूषक से घोषवती और उसकी स्वामिनी वासवदत्ता के सम्बन्ध में विलख-विलख कर बातें कर ही रहे थे कि राजा की प्रतीहारी आयी और यह सूचना दी कि महासेन के पास से रैम्यनाम का कंचुकी और महारानी अंगारवती से भेजी गयी वसुन्धरा नाम की वासवदत्ता की धायी—दोनों द्वार पर आये हैं। राजा ने पद्मावती को भी बुलवा लिया। साथ बैठे प्रतीहारी से रैम्य कंचुकी और वसुन्धरा को बुलवाया।' कंचुकी और धायी प्रतीहारी के साथ आये। कंचुकी उदयन के वैभव को देखकर एक तरफ प्रसन्न हुआ और दूसरी तरफ राजकन्या की मृत्यु का स्मरण कर दुखी हो उठा। राजा के पास पहुँचकर 'श्रीमान की जय हो'। ऐसा कहा। राजा ने भी कञ्चुकी का बड़ा आदर किया। परस्पर कुशल-प्रश्न हुए। कंचुकी ने शत्रुओं द्वारा छीने गये राज्य के मिल जाने पर प्रसन्नता व्यक्त की। राजा ने कहा—यह सब महाराज महासेन का प्रभाव है।' कञ्चुकी ने बताया कि यह धायी राजमाता का सन्देश आपसे कहेगी। धायी ने कहा—महारानी कहती हैं कि वासवदत्ता तो मर गयी। मेरे और महाराज के जैसे गोपालक और पालक दो पुत्र प्रिय हैं, वैसे ही तुम हो। तुम्हें पहले से ही जामाता मान लिया गया था। यही कारण है कि तुम उज्जयिनी में लाये गये थे। अग्नि को साक्षी किये बिना ही वीणा सिखाने के बहाने वह तुम्हारे अधीन कर दी गयी, किन्तु तुम अपनी चंचलता के कारण विवाह मंगल हुए बिना ही भाग गये। तुम लोगों के चले जाने पर हम लोगों ने चित्रपट पर तुम्हारी और वासवदत्ता की तस्वीर बनवाकर अग्नि के साक्ष्य में तुम दोनों का विवाह कर दिया। वही चित्रपट तुम्हारे पास भेजा जा रहा है। इसे देखकर शान्त हो जाओ। राजा भावविभोर हो उठे और कहा—मेरे सभी अपराधों को भूलकर भी उन गुरुजनों ने जो प्रेम दर्शाया है उसके लिए मैं बहुत कृतज्ञ हूँ।' इतने में ही पद्मावती ने कहा—'आर्यपुत्र, मैं चित्र में गुरुजनों का दर्शन कर प्रणाम करना चाहती हूँ।' धायी ने कहा—देखिये, राजकुमारी देखिये कहकर धायी ने चित्रपट दिखलाया। पद्मावती ने चित्रपट देखकर राजा से कहा—

आर्यपुत्र! यह चित्र तो आर्या के जैसा हैं राजा ने पद्मावती से पूछा—देवी जब से तुमने चित्र देखा है तभी से तुम्हें एक साथ प्रसन्न और उद्विग्न देख रहा हूँ, क्या बात है? पद्मावती ने कहा—आर्यपुत्र! इस चित्र जैसी ही एक स्त्री यहाँ रहती है। राजा ने कहा शीघ्र लिवा आओ। पद्मावती ने कहा—आर्यपुत्र! जब मैं कुमारी थी तभी किसी ब्राह्मण ने अपनी बहन कहकर धरोहर के रूप में उसे रखा है। वह प्रोशितपतिका है, अतः परपुरुष के दर्शन से बचती है। फिर भी मैं युक्ति से उसे ला रही हूँ। आप उसे देखकर निश्चय कर लें। इतने में प्रतीहारी ने आकर कहा कि 'महाराज की जय हो।' वह उज्जयिनी का ब्राह्मण राजकुमारी के पास न्यास रूप में रखी हुई अपनी बहन को लेने के लिए द्वार पर आ खड़ा है। राजा ने आदेश दिया—सत्कारपूर्वक ब्राह्मण को बुलाओ और पद्मावती से कहो कि तुम भी उस स्त्री को लाओ। प्रतीहारी और पद्मावती दोनों चले गये। यौगन्धरायण प्रतीहारी के साथ आया। यौगन्धरायण मन ही मन सोच रहा था कि महाराज का पद्मावती के साथ विवाह होने से सभी प्रकार का हित है, ऐसा सोचकर मैंने यह सब किया है। पता नहीं महाराज उदयन कैसा समझेंगे। राजा के समीप आकर उसने राजा की जयकार की, राजा ने इसकी बहन को शीघ्र बुलाने के लिए कहा। पद्मावती और अवन्तिका दोनों आयी। राजा ने पद्मावती से कहा—पद्मावती! धरोहर लौटा दो। साक्षियों के सामने धरोहर लौटाना चाहिये। इस विषय में आये रैभ्य और आर्या वसुन्धरा साक्षी होंगे। पद्मावती ने यौगन्धरायण को अपनी बहन ले जाने के लिए कहा। इतने में धायी ने कहा—'अरे, यह तो राजकुमारी वासवदत्ता हैं। राजा को आश्चर्य हुआ—क्या महासेन की पुत्री! यौगन्धरायण ने कहा—यह तो मेरी बहन है। राजा ने घूँघट हटाने की आज्ञा दी कि यौगन्धरायण ने कहा महाराज की जय हो।' वासवदत्ता ने कहा—आर्यपुत्र की जय हो राजा चकित हो गये—हैं, यह यौगन्धरायण है और यह महासेन की पुत्री वासवदत्ता। क्या यह सत्य है या स्वप्न है? यौगन्धरायण ने कहा—महाराज! महारानी के छिपाने से मैं अपराधी हूँ। इस दुर्विनय को क्षमा करें और पैरों पर गिर पड़ा। राजा हर्षोत्फुल्ल होकर यौगन्धरायण को उठाकर बोले—तुम सचमुच यौगन्धरायण ही हो। सभी एक-दूसरे से प्रसन्नता से मिले। अन्त में भरत वाक्य—

हमारे राजाओं में श्रेष्ठ महाराज उदयन सागरपर्यन्त विस्तृत हिमालय और विन्ध्याचलरूपी दो कर्ण-कुण्डलों से युक्त एक श्वेत छत्र से चिह्नित इस सम्पूर्ण पृथ्वी का पालनकरें।

अभिज्ञानशाकुन्तलम्

प्रथम अंक

कविकुल गुरु कालिदास के सम्बन्ध में एक संस्कृत की उक्ति अत्यन्त प्रसिद्ध है—

'पुरा कवीनां गणनाप्रसङ्गे कनिष्ठिकाधिष्ठितकालिदासः।
अद्यापि तत्तुल्यकवेरभावादनामिकाँ सार्थवती बभूव।'

तात्पर्य यह है कि महाकवि कालिदास न केवल भारतीय आलोचकों की दृष्टि में प्रत्युत पाश्चात्य विद्वानों की दृष्टि में भी अतुलनीय माने गये हैं। जर्मनी के प्रसिद्ध विद्वान् गेटे ने कालिदास के अभिज्ञान शाकुन्तलम को विश्वसाहित्य की सर्वोत्कृष्ट रचना माना है। रवीन्द्रनाथ ठाकुर ने स्पष्ट लिखा है 'जहाँ-जहाँ प्रवृत्तियों की प्रबलता को प्रकाश में लाने का अवसर मिला है; वहाँ-वहाँ योरोप के कवियों ने अपनी सीमा का उल्लंघन किया है। शकुन्तला के समान प्रशान्त, गम्भीर, संयमित और सभी दृष्टियों से परिपूर्ण नाटक शेक्सपीयर की नाट्यकृतियों में एक भी नहीं है।

कालिदास ने कुमारसम्भव, रघुवंश, ऋतुसंहार, मेघदूत काव्यग्रन्थ और मालविकाग्निमित्र, विक्रमोर्वशीयम्, अभिज्ञानशाकुन्तलम् नाटक लिखे। इनकी प्रतिष्ठा इसीलिए महाकवि और महानाटककार के रूप में की जाती है। महाकवि कालिदास का जितना बड़ा व्यक्तित्व है, इनके देश और काल के सम्बन्ध में उतना ही विवाद भी है। भगवान शिव की तरफ इनका झुकाव, हिमालय का सांगोपांग बर्णन और इनकी काव्यशैली देखकर कुछ लोगों का मत है कि ये कश्मीर के थे। भगवती-काली के प्रयास से इनकी विद्वत्ता-प्राप्ति मानकर कुछ विद्वान् इन्हें बंगीय मानते हैं, जिसका आधार एक दन्त कथा है जिसमें यह कहा गया है कि कालिदास अपने पूर्व जीवन में महामूर्ख थे, उसी समय विद्योत्तमा नाम की एक बहुत विदुषी राजकन्या हुई। उसने प्रतिज्ञा की कि जो मुझे शास्त्रार्थ में पराजित कर देगा उससे विवाह करूँगी। बहुत से विद्वान् गये किन्तु कोई भी उसे पराजित नहीं कर सका। पण्डितों ने मिलकर एक षड्यन्त्र रचा और महामूर्ख कालिदास के साथ उसका विवाह कराकर सफल हुए। विद्योत्तमा को सत्य का ज्ञान होने पर कालिदास उसके द्वारा अपमानित किये गये और हारकर भगवती काली की उपासना की एवं उसके परिणाम से बहुत बड़े विद्वान् हो गये। जब घर लौटे तो

'अनावृतकपाटं द्वारं देहि' ऐसा कहा। इसके उत्तर में विद्योत्तमा ने 'अस्ति कश्चिद् वाग्विशेषः' कहा। अब कालिदास को सरस्वती सिद्ध हो गयी थी, अतः इन्होंने विद्योत्तमा के वाक्य के एक-एक शब्द को लेकर अस्ति से अस्त्युत्तरस्यां कुमारसम्भव, कश्चित् से कश्चित्कान्ता मेघदूत तथा वाक् से वागर्थाविव रघुवंश महाकाव्य की रचना की। कालिदास के ग्रन्थों में विदिशा और उज्जयिनी का वर्णनदेखकर और उज्जयिनी के विक्रमादित्य के रत्नों में गणना देखकर—

'धन्वन्तरिक्षपणकामरसिंहशंकुवेतालभट्टघटकर्परकालिदासाः ।
ख्यातोवराहमिहिरो नृपतेः सभायां रत्नानि वं वररुचिर्नव विक्रमस्व॥'

कालिदास का उज्जयिनी या विदिशा का निवासी होना ही विद्वानों ने उचित माना है।

कालिदास के देशकाल के सम्बन्ध में चाहे कितने ही मतभेद हों किन्तु यह सभी मानते हैं कि कालिदास विक्रमादित्य के सभापण्डित थे। इसी विक्रमादित्य नाम या उपाधि को लेकर इनके देशकाल के सम्बन्ध में भी तरह-तरह के मत चल पड़े हैं। जिसका लाभ उठाकर पाश्चात्य विद्वान् फर्ग्यूसन, फ्लीट, स्मिथ, मैकडॉनेल तथा इन्हीं के अनुगामी कुछ भारतीय विद्वान् भी कालिदास को बहुत पीछे का अर्थात् किसी ने गुप्त काल (400 ई0) और किसी ने तो 7वीं शताब्दी तक में मानने का सुझाव दिया है। बात यह है कि भारतीय संस्कृति एवं सभ्यता की महत्ता घटाने के लिए पाश्चात्य विद्वानों ने प्रायः सभी महत्वपूर्ण आचार्यों, महाकवियों और नाटककारों को प्रयत्नपूर्वक आधुनिक मनवाने का उपाय सोच निकाला है। इन लोगों को सूक्तिमुक्तावली में राजशेखर द्वारा लिखा गया है—

एकोऽपि जीयते हन्त! कालिदासो न केनचित्।
शृङ्गारे ललितोद्गारे कालिदासत्रयी किमु॥

कुछ सहायता कर देता है। वास्तव में कालिदास का समय ईसा पूर्व प्रथम शताब्दी माना जाता है। कालिदास ने अपने ग्रन्थों में कम्बोज लोगों का उल्लेख किया है जिसका वर्णन कौटिल्य के अर्थशास्त्र में एक प्राचीन जाति के नाम से मिलता है। कालिदास ने हूण जाति की भी चर्चा की है जिसका उल्लेख बौद्धों के ललितविस्तर नाम के ग्रन्थ में आया है। उसमें अनेक लिपियों के उल्लेख के साथ ही हूण लिपि का भी उल्लेख है। ललितविस्तर का समय प्रथम शतक है। अत; कालिदास प्रथम शताब्दी के पहले अवश्य हुए। दूसरी बात यह है कि जिस विक्रमादित्य के नवरत्नों में कालिदास की गणना है वह परमारवंशीय भरत-सम्राट विक्रमादित्य ही हैं जिनकी राजधानी उज्जयिनी थी। इनका स्पष्ट उल्लेख कथासरित्सागर में मिलता है। इसी सम्राट ने शक

लोगों का नाश कर 'शकारि' उपाधि प्राप्ति की थी। इतिहास में यह बात प्रसिद्ध है कि उसी शकविजय की स्मृति में इन्होंने विक्रम संवत् चलाया था। विद्वानों ने यह भी सिद्ध कर दिया है कि कालिदास से ही प्रभावित होकर दार्शनिक तथा बौद्धदर्शन के प्रचारक होने पर भी अश्वघोष ने थोड़ा अप्रौढ़ ही सही, महीकाव्य लिखे हैं। अतः कालिदास का समय ईसा पूर्व प्रथम शताब्दी ही सर्वमान्य है।

जैसा कि ऊपर कहा गया है कालिदास का अभिज्ञान शाकुन्तल विश्व-साहित्य में श्रेष्ठ कृति मानी जाती है। इसकी कथावस्तु थोड़ा हेर-फेर के साथ महाभारत से ली गयी है; किन्तु दुर्वासा के शाप के कारण अँगूठी के भूल जाने तथा दुष्यन्त के न पहचानने और बाद में अँगूठी के मिलने पर शकुन्तला के विरह में तड़पने आदि का समावेश कर कालिदास ने इस नाटक को एक आदर्शात्मक सांस्कृतिक परिवेश में उपस्थापित कर दिया है। इस नाटक में राजा और राजपुरुष, ऋषि एवं आश्रमनिवासी ब्रह्मचारी तथा आश्रम में रहनेवाली भोली-भाली अबोध और संसार के चकाचौंध से दूर रहनेवाली कन्याओं का तथा प्रकृति के कोमल एवं मनोरम दृश्यों का वर्णन कर कालिदास ने जिस पाण्डित्य, मनोविश्लेषण, प्रकृति का सूक्ष्म निरीक्षण, भारतीय संस्कृति के सूक्ष्म-अध्ययन तथा नाट्य-शास्त्र के परिपक्व ज्ञान का परिचय दिया है वह अन्यत्र दुर्लभ है।

कथावस्तु–सूत्रधार ने बताया कि राजा विक्रमादित्य के विद्वानों की परिषद् में आज कालिदास द्वारा रचित अभिज्ञानशाकुन्तल नाटक का अभिनय किया जायगा। तदनन्तर उन्होंने पात्रों को एकत्र किया। चन्द्रवंशीय राजा दुष्यन्त जो हस्तिनापुर के शासक थे, मृग का शिकार करते हुए कण्व ऋषि के आश्रम की ओर आये। आगे-आगे एक मृग भाग रहा था उसे दुष्यन्त मारना ही चाहते थे कि एक तपस्वी ने आकर कहा, राजन, यह आश्रम का मृग है। इसे न मारो, इसे न मारो। राजा ने तपस्वी की बात मान कर मारने से विरत हो गये और तपस्वी को प्रणाम किया। तपस्वी ने प्रसन्नहोकर आशीर्वाद दिया कि आपका जन्म पुरुवंश में हुआ है उसके अनुरूप ही आपका आचरण है। शीघ्र ही आपको इन्हीं गुणों से युक्त एक चक्रवर्ती पुत्र हो। राजा ने पूछा—क्या कुलपति (कण्व) महोदय हैं।' तपस्वी ने उत्तर दिया—महाराज! कुलपति सोमतीर्थ पर शकुन्तला की सुखशान्ति के लिए पूजा करने गये हैं और आश्रम में आनेवालों का आतिथ्य सत्कार करने के लिए अपनी पुत्री शकुन्तला को नियुक्त कर गये हैं।' इतना कहने के बाद वह तपस्वी सभी तपस्वियों के साथ कुश आदि लाने के लिए चला गया। राजा अपने सारथी को वहीं रुकने और घोड़ों को विश्राम कराने का आदेश देकर आश्रम में चले गये। आश्रम की शान्ति और सहजता देखकर राजा बहुत प्रसन्न हुए। उन्होंने देखा कि शकुन्तला अपनी सहेलियों के साथ तालाबों से घड़ों में

जललाकर आश्रम के पौधों को सींच रही थी। शकुन्तला का सौन्दर्य देखकर राजा ने मन-ही-मन कहा—'कण्व ऋषि वस्तुतः अव्यावहारिक हैं क्योंकि इस स्वाभाविक सुन्दर शरीर को इस कष्टसाध्य कार्य में लगाकर उन्होंने वैसे ही साहस का परिचय दिया है जैसे कोई नीलकमल के पत्ते की धार से शमीवृक्ष को काटने का प्रयत्न करे।' और वे पेड़ की आड़ से उनके (शकुन्तला के)सींचने को देखते रहे तथा शकुन्तला के सहज सौन्दर्य से प्रभावित होकर नाना प्रकार की कल्पनाएँ करते रहे। उनके मन में यह सन्देह हुआ कि क्या शकुन्तला कण्व की वस्तुतः अपनी पुत्री है या....। इतने में माध्वी लता के, जो पूर्णतः मुकुलितहो चुकी थी और जिस पर भौंरे उड़ रहे थे, पास से होकर शकुन्तला गुजरी। भौंरे उसकी तरफ टूट पड़े और शकुन्तला को परेशान करने लगे। उसने घबड़ाकर प्रियंवदा ओर अनसूया से सहायता माँगी और उन दोनों सखियों ने परिहास में यह कहा कि हम लोगों को क्यों बुलाती हो। इस तपोवन की रक्षा करनेवाले राजा दुष्यन्त को ही क्यों नहीं बुलाती! भौंरे, शकुन्तला का पीछा नहीं छोड़ते थे। वह चिल्लानेलगी—'रक्षा करो, रक्षा करो।' इसे अच्छा अवसर समझकर राजा दुष्यन्त झटपट सामने आ गये और कुशल की बातें पूछीं। सखियों के यह पूछने पर, कि 'आप कौन हैं?' राजा दुष्यन्त ने अपने सत्य रूप को छिपाकर अपने को वेदविद् ब्राह्मण तथा राजा की कचहरी का धर्माधिकारी बताया और यह जानना चाहा कि यह शकुन्तला कौन है? क्योंकि महर्षि कण्व तो शाश्वत ब्रह्मचारी हैं और मनुष्य जाति की स्त्री से ऐसे रूप की उत्पत्ति भी सम्भव नहीं प्रतीत होती। अनसूया ने बताया कि यह प्रिय सखी महर्षि विश्वामित्र द्वारा मेनका के गर्भ से उत्पन्न पुत्री है। जब मेनका इसे त्याग कर चली गयी तब कण्व ऋषि ने इसे आश्रम में लाकर अपनी पुत्री की भाँति पाला-पोसा है। अब इसे सयानी समझकर किसी योग्य वर को देने के लिए वे सोच रहे हैं। शकुन्तला वहाँ से हट जाना चाहती थी किन्तु प्रियंवदा ने यह कहकर रोका कि—'तू हमारे दो वृक्ष सींचने की ऋणी है। नहीं जा सकती।' राजा ने कहा—'अच्छा, तो मैं इन्हें ऋणमुक्त कर देता हूँ।' प्रियम्वदा को अँगूठी देकर राजा ने शकुन्तला को ऋणमुक्त कर दिया। इतने में ही नेपथ्य में कोलाहल सुनायी दिया कि 'तपस्वियों, तैयार हो जाओ। शिकारी राजा दुष्यन्त इस वन में आ रहा है।' सभी सखियाँ इस कोलाहल को सुनकर आश्रम में चली गयीं।

द्वितीय अंक

राजा उधर से आ रहे थे कि रास्ते में उनका प्रिय मित्र विदूषक, जो शिकार में इधर-उधर घूमने से थक गया था, बैठा मिला। राजा मन ही मन शकुन्तला की बात सोच रहे थे, उधर विदूषक शिकार की परेशानियों का वर्णन राजा से करने लगा। राजा

के मन में भी शिकार के प्रति विरति हो गयी और सेनापति को बुलाकर तपोवन को घेरनेवाले सैनिकों को लेकर उसे लौट जाने को कहा। केवल राजा और विदूषक रह गये। राजा ने विदूषक को शकुन्तला से भेंट की सारी कहानी सुनायी और यह भी बताया कि वह किसी तपस्वी की कन्या नहीं है प्रत्युत एक सुन्दरी अप्सरा के गर्भ से उत्पन्न हुई है। विदूषक ने पहले तो उस कन्या को वैसे ही साधारण समझा, किन्तु राजा के द्वारा उस कन्या के सौन्दर्य, स्वभाव आदि का वर्णन सुनकर राय दी कि यदि ऐसी बात है कि आप उसमें अनुरक्त हैं और वह भी आपमें, तो शीघ्रता कीजिये, अन्यथा किसी ऊटपटांग ब्रह्मचारी के साथ उसका विवाह हो जायगा। इतने में दो तपस्वी कुमारों के आने की सूचना द्वारपालने दी। उन्हें राजा ने बुलवाया और समाचार पूछा। दोनों ने राजा से कहा—'महाराज! पूज्य कुलपति कण्व के इस समय यहाँ न होने से राक्षस यज्ञ में बाधा डाल रहे हैं, अतः तपस्वियों की राय है कि आप अपने सारथी के साथ कुछ दिन इस आश्रम में ही रहें। राजा ने उनकी बात मान ली और ज्यों ही चलने को तैयार हुए त्यों ही द्वारपाल ने माताओं का समाचार लानेवाले करभक के आने की सूचना दी। करभक ने पास आकर बताया कि आगामी चौथे दिन पुत्रपिण्डपालन नाम का व्रत है, उसमें सम्मिलित होने के लिए महाराज को माताओं ने बुलाया है। राजा ने इधर तपस्वियों की आज्ञा और उधर माताओं की आज्ञा दोनों के निर्वाह का उपाय यह सोचा कि विदूषक माताओं के यहाँ चले जायँ और मैं यहाँ रहकर राक्षसों से यज्ञ की रक्षा करूँ। अतएव विदूषक को अपने घर उन्हों ने भेज दिया और कहा कि शकुन्तला वाली बात परिहास थी, सत्य नहीं।

तृतीय अंक

ऋषि के शिष्य और प्रियंवदा के बीच हुई बात से यह पता चला कि शकुन्तला अस्वस्थ थी। शकुन्तला की बातें सोचते हुए उसको देखने की इच्छा से कामपीड़ित राजा दुष्यन्त कभी कामदेव को, कभी चन्द्रमा को, तो कभी लताओं एवं वृक्षों को देख-देखकर भाव विभोर हो उठते थे तथा एक-एक को उपालम्भ दे रहे थे कि वे लतामण्डप देखकर उन्हें ऐसा लगा कि संभवतः इसी में शकुन्तला होगी क्योंकि इसके द्वार की बालुकाराशि पर आगे की ओर ऊँची और जधन के भार से पिछली तरफ गहरी पदपंक्ति दिखायी दे रही थी। मण्डप में घुसकर उन्होंने देखा शकुन्तला पड़ी थी और सखियाँ उसकी सेवा कर रही थीं। राजा छिपकर उन सबकी बातें सुन रहे थे और वे सब एकान्त में पूर्ण विश्वास के साथ बातें कर रही थीं। अनसूया एवं प्रियम्वदा ने बड़ी चतुरता से शकुन्तला के हृदय की बातें जान ली कि शकुन्तला ने जब से उस तपोवन की रक्षा

करनेवाले राजा दुष्यन्त को देखा है तभी से उसको पा लेने की अभिलाषाओं ने उसकी यह अवस्था कर दी है। दोनों सखियाँ प्रसन्न हुयीं कि सौभाग्य से इसकी इच्छा एक योग्य व्यक्ति को पाने की हुयी। शकुन्तला ने उन दोनों सखियों को यह भी बतलाया कि यदि तुम दोनों की सम्मति हो तो ऐसा यत्न करो जिससे मैं उनकी कृपा पात्र बन सकूँ अन्यथा मेरा जीना दूभर हो गया है। दोनों सखियों को राजा दुष्यन्त की मनःस्थिति का भी पता था। दोनों सखियों ने शकुन्तला को अपनी अवस्था के अनुरूप सुललित पदों वाला गीत लिखने को कहा और निश्चय किया कि उस गीत को लिखवाकर उसे पुष्पों में छिपाकर देवपूजा के बहाने राजा को दिया जाय। शकुन्तला गीत लिखने को तैयार तो थी किन्तु उसे तिरस्कार का भय था। सखियों के विश्वास दिलाने पर उसने एक गीत कोमल कमल पत्र पर नाखून से लिखा—

'तव न जाने हृदयं मम पुनर्मदनों दिवापि रात्रिमपि।
निष्कृप! तापयति वलीपस्तव हस्तमनोरथान्य ङ्गानि॥'

'हे निर्दयी! तुम्हारे मन को तो जानती नहीं फिर भी मैंने अपनी सारी अभिलाषायें तुम्हारे हाथों में सौंप दी हैं। ऐसी अवस्था में कामदेव मेरे सारे अवयवों को दिन-रात तपा रहा है।' राजा ने अवसर का लाभ उठाया और पास चले गये। दोनों सखियाँ हर्ष के साथ उठकर राजा को उसी शिलातल पर एक तरफ बैठ जाने को कहा। शकुन्तला थोड़ा खिसक गयी और राजा वहाँ बैठ गये। प्रियंवदा ने राजा से स्पष्ट कहा कि 'महाराज! प्रियसखी शकुन्तला आपमें अनुरक्त होने के कारण आपके विरह की अवस्था में इस स्थिति में पहुँच गयी है। आप इसके जीवन की रक्षा करें।' अनसूया से शकुन्तला के यह कहने पर कि अन्तःपुर के वियोग से उत्कण्ठित राजा से इस तरह का अनुरोध करना ठीक नहीं, राजा ने कहा—यदि तुममें ही लगनेवाले मेरे मन का इस प्रकार निरूपण किया जायगा तो हे कामिनी! कामबाण से मारा हुआ मैं और भी मारा जाऊँगा। अनुसूया की इस आशंका का कि 'राजाओं की बहुतेरी प्रेमिकायें होती हैं इसलिए आप कोई ऐसा उपाय कीजियेगा जिससे मेरी प्रिय सखी बन्धुजनों के शोक का कारण न बने,' राजा ने यह कहकर उत्तर दिया कि बहुत सी स्त्रियाँ रहें किन्तु मैं तो समुद्रवेष्टित पृथ्वी और आपकी इस प्रिय सखी को अपने वंश का गौरव मानता हूँ। इन बातों के हो जाने पर अनसूया और प्रियंवदा दोनों, अपनी भूली माता को खोजते हुए हिरन के बच्चे को उसकी माँ से मिलाने के लिए चली गयीं। शकुन्तला अपने को अकेली पाकर थोड़ी घबड़ायी किन्तु राजा ने उसे समझाया और धैर्य धराया। शकुन्तला जाना चाहती थी किन्तु राजा ने उसे रोक रखा और शकुन्तला को समझाया कि अनेक ऋषिकन्याओं

ने गन्धर्व विवाह कर लिया और उनके पिताओं ने अनुमोदन ही किया अतः अभिज्ञ कण्व ऋषि भी नाराज नहीं होंगे। थोड़ी देर शकुन्तला दुष्यन्त के साथ रही और शान्तिजल छिड़कने के लिए आयी गौतमी के साथ रात होने के कारण चली गयी। दुष्यन्त उदास हो गये और थोड़ी देर बाद जहाँ शकुन्तला थी उसी लतामण्डप में चले गये। नेपथ्य में यज्ञविध्वंस करनेवाले राक्षसों की सूचना मिलने पर राजा उन्हें हटाने चले गये।

चतुर्थ अंक

अनसूया और प्रियंवदा दोनों पूजा के लिए फूल-चुन रही थीं कि नेपथ्य में सुनायी पड़ा कि महर्षि दुर्वासा आश्रम के दरवाजे पर खड़े हैं और अन्यमनस्क होने के कारण शकुन्तला को उनके आने की खबर तक नहीं है। इसीलिए दुर्वासा क्रुद्ध होकर शाप दे रहे हैं कि—'हे शकुन्तले! तू जिसके ध्यान में लीन रहने के कारण मेरा आना तक भी नहीं जान पा रही हो, वही तेरा स्मरण नहीं करेगा। प्रियंवदा सुनकर बहुत दुःखी हुयी और अनसूया ने उनका पैर पकड़कर मना लाने के लिये भेजा। अनुसूया ने उनका पैर पकड़ कर अपनी प्रिय सखी के प्रथम अपराध को क्षमा करने के लिए प्रार्थना की। इस पर दुर्वासा ने कहा—'शाप तो व्यर्थ नहीं जायगा किन्तु यदि अभिज्ञान अलंकरण दिखाया जाय तो शाप की निवृत्ति हो जायगी', ऐसा कहकर दुर्वासा अन्तर्धान हो गये। इस पर प्रियंवदा ने कहा—चलो कुछ सहारा मिला क्योंकि जाते समय दुष्यन्त ने अपने नाम से अंकित एक अँगूठी स्वयं शकुन्तला के हाथ में स्मरण कराने के लिए ही पहना गये थे। महर्षि कण्व, सोमतीर्थ से लौटकर आये और प्रातःकाल हवन करते समय छन्दोबद्ध आकाशवाणी ने उन्हें बता दिया कि हे ब्राह्मण! अग्निगर्भवाली शमीलता के समान आपकी कन्या ने संसार के कल्याणार्थ दुष्यन्त के द्वारा स्थापित तेज धारण किया है। कण्व बात समझ गये और जाकर शकुन्तला से कहा—बेटी, हवन के धुँएँ से ढँकी आँखवाले यजमानकी भी आहुति दैवात् अग्नि के मुख में ही पड़ी है। आज ही मैं तुझे ऋषियों के साथ तुझे तेरे पति के पास पहुँचा दूँगा।' विदाई के सामान की तैयारी होने लगी। तपस्विनियाँ एवं तपस्वी लोग आशीर्वाद देने लगे। मांगलिक अनुलेपन किये जाने लगे। शकुन्तला का शृंगार किया जाने लगा। आश्रम के वृक्ष, लतायें सब आभूषण के स्थान पर फूल आदि देने लगे। स्नान कर कण्व आये। 'आज शकुन्तला जायेगी' इस बात को सोचकर आश्रमवासी कण्व वीतराग होने पर भी विचलित-से थे। कण्व और गौतमी ने सद्यः हवन किये गये अग्नि की परिक्रमा शकुन्तला से करायी। कण्व शार्ङ्गरव और शारद्वत दोनों शिष्यों के साथ शकुन्तला को भेजना चाहते थे। शकुन्तला कहीं गौतमी से, कहीं अनसूया से, कहीं प्रियंवदा से, कहीं पाले हुए हिरणों के बच्चों

से, लगाये गये वृक्षों एवं लताओं से मिलती थी और मंगल की बेला समझकर अश्रुपात रोकती थी। कण्व कह रहे थे 'शकुन्तला को योग्य वर के हाथों सौंपकर मैं अपने को कुछ हल्का सा अनुभव कर रहा हूँ।' शकुन्तला ने कण्व से कहा—'पिताजी, गर्भ के भार से मंदभागिनी और पर्णशाला के आसपास विचरनेवाली इस हरिणी को जब सुखपूर्वक प्रसव हो जाय तो यह प्रिय समाचार सुनाने के लिए किसी आदमी को मेरे पास भेज दीजियेगा। इसे भूलियेगा मत।' कण्व ने शकुन्तला से कहा—तुम अपने पति के घर पहुँचकर गुरुजनों की सेवा करना, सपत्नियों के प्रति सखी का बर्ताव करना, स्वामी के अपमान करने पर भी उनके प्रतिकूलव्यवहार मत करना, दास-दासी आदि सेवक जनों के प्रति उदारता का व्यवहार करना और भोगों में आसक्त होकर कभी अभिमान न करना।' उपदेश सुनकर शकुन्तला रोने लगी और कहने लगी—आपसे विमुक्त होकर किस प्रकार जीवन-धारण कर सकूँगी।' एक-एक कर सबको प्रणाम किया, मिली और दोनों शिष्यों तथा गौतमी के साथ विदा हो चली।

पंचम अंक

कञ्चुकी ने आकर राजा से कहा–'महाराज, महर्षि कण्व के शिष्य दो स्त्रियों के साथ उनका सन्देश लेकर आये हैं।' राजा ने कहा कि अध्यापक सोमरात से जाकर कहो कि वे उन ऋषियों का वैदिक विधान से सत्कार कर साथ ले आवें, राजा अपने उठकर तपस्वियों से मिलने योग्य होमगृह में जाकर बैठे तथा तरह-तरह की कल्पना करने लगे कि धर्मारण्यवासियों को कोई कष्ट तो नहीं आ पड़ा कि आये हैं? इतने में पुरोहित सोमरात शकुन्तला, गौतमी शार्ङ्गरव, शारद्वत और कञ्चुकी साथ आये। शार्ङ्गरव और शारद्वत ने दरबार का चकाचौंध और चहल-पहल देखकर आश्चर्य व्यक्त किया तथा राजा के वैभव को सराहा। जब वे राजा के पास पहुँचे, राजा ने उन्हें सत्कार पूर्वक बैठाया किन्तु राजा को आश्चर्य हुआ कि यह घूँघटवाली सुन्दर स्त्री तपस्वियों के साथ भला कौन है और इतना होने पर भी परायी स्त्री को देखना उचित नहीं है, ऐसा सोचकर चुप रहे। समाचार पूछने और सुनने के बाद राजा ने कण्व की आज्ञा जाननी चाही। शार्ङ्गरव ने कहा कि 'भगवान् कण्व का संदेश यह है कि आपने परस्पर शपथ करके मेरी कन्या के साथ जो विवाह किया है उसके लिए हम आप दोनों पर प्रसन्न हैं और आपके इस कार्य का अनुमोदन करते हैं। अब यह गर्भवती है। आप अपना धर्म-कार्य-सम्पादन करने के लिए इसे ग्रहण करें।' गौतमी ने भी आज्ञा लेकर कहा कि न इस शकुन्तला ने अपने गुरुजनोंकी परवाह की और न आपने ही अपने बन्धुओं से पूछा। अतः इस विषय में दूसरा कोई क्या कह सकता है? राजा ने (जो

दुरवासा के शाप के कारण सब कुछ भूल चुके थे) कहा—ओह! आप लोगों ने यह कैसा खिलवाड़ मचा रखा है? राजा के व्यवहार से शकुन्तला घबड़ायी किन्तु शार्ङ्गरव ने जोर देकर तथ्य का निरूपण किया। राजा को तो शकुन्तला के साथ हुए विवाह का भी स्मरण नहीं था अतः तपस्वियों की सारी बातों को वे एक कल्पना और अपने लिए तिरस्कार ही समझते थे। गौतमी ने सोचा यदि लज्जा त्यागकर शकुन्तला घूँघट उठा दे तो सम्भवतः राजा पहचान लें। किन्तु ये सारे उपाय व्यर्थ रहे। राजा को इस घटना का कुछ भी स्मरण नहीं था। अन्त में हार कर शकुन्तला ने सोचा कि ये मुझे पर-स्त्री समझकर ऐसा व्यवहार करते हैं अतः किसी चिह्न के द्वारा इनका संशय मिटाना चाहिये किन्तु दुर्भाग्य ऐसा कि टटोलने पर पहनने की जगह अँगूठी ही नहीं थी जिसे स्वयं राजा ने शकुन्तला को पहनायी थी। राजा इसे स्त्री जाति की धूर्तता समझते थे। अँगूठी हाथ में न होने पर शकुन्तला ने इसे भाग्य का खेल समझा और सोचा कि किन्हीं घटनाओं का उल्लेख कर राजा को स्मरण दिलायें। शकुन्तला के द्वारा उल्लिखित सभी घटनाओं को राजा मिथ्या और मधुर बातें ही समझकर टाल रहे थे। राजा बार-बार अपने संसार प्रसिद्ध चरित्र की दुहायी दे रहे थे और शकुन्तला की बातों को झूठा मान रहे थे। कोई उपाय न देखकर शकुन्तला आँचल से मुँह ढंक कर रोने लगी। शार्ङ्गरव और शारद्वत दोनों शकुन्तला को छोड़कर जाना चाहते थे। शकुन्तला बार-बार उन्हें रोकती थी। राजा उसे रखने को किसी कीमत पर तैयार न थे। पुरोहित ने यह सुझाव दिया कि शकुन्तला को कहीं प्रसव-पर्यन्त रखा जाय और पुत्र होने पर यदि उसमे चक्रवर्ती के लक्षण मिलें तो तपस्वियों के आशीर्वाद को स्मरण कर इस घटना को सत्य माना जाय अन्यथा शकुन्तला को पिता के घर चले जाने के लिए कह दिया जाय। राजा ने पुरोहित के कहने पर कहा—आप गुरुजनों को जो अच्छा लगे वहीं करें। पुरोहित चले, शकुन्तला को भी पीछे-पीछे आने को कहा। शकुन्तला भी चली किन्तु धरती से प्रार्थना कर रही थी कि वह फट जाय तथा अपने में ले ले। इतने में ही नेपथ्य में सुनायी दिया आश्चर्य है, आश्चर्य है।' पुरोहित आये और उन्होंने बताया कि जब वे शकुन्तला को लेकर जा रहे थे कि शकुन्तला के समान आकृतिवाली और अप्सरा की भाँति सुन्दरी तथा तेजोमयी एक मूर्ति और हम लोगों के बीच से उस लड़की को गोद में लेकर गायब हो गयी।' राजा को यह सुनकर आश्चर्य हुआ किन्तु जब टल गया है तो उस पर कुछ भी सोचना वे (व्यर्थ समझते थे। किन्तु थे परेशान राजा इसके बाद सोने चले गये तथा उनके साथ बैठे अन्य लोग भी चले गये।

राजा का साला और एक मनुष्यको पीछे की ओर हाथ बाँधे दो सिपाही आये। दोनों सिपाही उसे पूछ रहे थे कि तुमने यह रत्नजटित तथा राजा के नाम से अंकित

अँगूठी कहाँ पायी? उसने बताया हम शुक्रावतार तीर्थ के निवासी धीवर हैं। जाल, कँटिया आदि से मछलियों को फँसाने का धन्धा करते हैं। एक दिन एक रोहू मछली मिली, उसी के पेट से यह अँगूठी मिली है। उसे बजार में बेंचने जा रहा था कि आप लोगों ने मुझे पकड़ लिया। राजा के साले ने अँगूठी को सूँघकर उस अँगूठी को मछली के पेट में होने की बात स्वीकार की किन्तु इसकी प्राप्ति की सत्यता की जाँच के लिए राजा के पास जाना चाहा। दोनों सिपाही उस व्यक्ति को राजदरबार में ले गये। राजा का साला राजा के पास गया और थोड़ी देर में बाहर आकर सिपाहियों से उस व्यक्ति को छोड़ देने के लिए कहा तथा उस धीवर को अँगूठी के बदले उसके मूल्य के बराबर पारितोषिक रूप में कंगन दिया। राजा के साले ने उन सिपाहियों को बताया कि अँगूठी को देखकर महाराज बहुत प्रसन्न हुए और उन्हें कोई बात स्मरण हो आई। धीवर कंगन की आधी कीमत सिपाहियों को मदिरापान के लिये देकर चला गया। उसके चले जाने के बाद दोनों सिपाही तथा राजा के साले सभी चले गये।

षष्ठ अंक

अप्सरा तीर्थ के संवाद का सम्पादन करने के बाद मिश्रकेशी नामक अप्सरा आयी। उसने चारो ओर उद्यान में सूनापन देखकर आश्चर्य व्यक्त किया और इसके कारण की जानकारी उद्यान-रक्षक से प्राप्त करना चाही और अपनी तिरस्करिणी विद्या के प्रभाव से अदृश्य रहकर ही राजा के वृत्तान्त को मालूम करने का निश्चय किया। दो दासियाँ आम्रमंजरी को देख रही थीं। उनमें एक कामदेव की पूजा करने के लिए आम्रमंजरी को तोड़कर मधुमास से सम्बन्धित गीत गाने लगी। इसी बीच कञ्चुकी आया और उसने बसन्त से सम्बन्धित गीत गाने के लिये उन्हें मना किया तथा बताया कि पूरे राज्य में राजा दुष्यन्त ने वसन्तोत्सव मनाने की मनाही कर दी है। उन्होंने यह भी बताया कि चेतन की कौन कहे जड़ पदार्थ भी वसन्तोत्सव मनाने से विरत हो गये हैं। दासियों ने इस वसन्तोत्सव के मनाने की मनाही का कारण कञ्चुकी से पूछा। कञ्चुकी ने बताया कि जब से महाराज को अँगूठी मिली है उसी समय से राजा को यह ज्ञान हो गया है कि उन्होंने सचमुच एकान्त में शकुन्तला से विवाह किया था और न जाने किस अज्ञानवश उसका तिरस्कार कर दिया। इस समय राजा की दशा यह है कि वे रम्य वस्तुओं से द्वेष करते हैं, कर्मचारियों की सेवा स्वीकार नहीं करते। उन्हें नींद नहीं आती। शय्या पर करवटें बदलते रात्रि बिता देते हैं, अन्तःपुर की स्त्रियों को उत्तर नहीं देते और शकुन्तला का नाम मुख से निकलते ही बहुत देर तक मारे शर्म के अवनत मुख होकर बैठे रह जाते हैं। इन्हीं व्याकुलताओं के कारण उन्होंने वसन्तोत्सव बंद कर दिया है।

इसी समय शोकाकुल राजा विदूषक के साथ प्रमदवन की ओर आते दिखायी पड़े। राजा ने कञ्चुकी और प्रतीहारी को आज्ञा दी कि वे प्रमदवन देख आवे विदूषक ने याद दिलाया कि महाराज, माधवी लतामण्डप में चित्रकारिणी को आने के लिए आपने आदेश दिया था, अतः वहीं चलें। इन दोनों के पीछे-पीछे अदृश्यमान मिश्रकेशी भी गयी। लतामण्डप में पहुँचकर मणिमय शिलापट्ट पर दोनों बैठे। राजा ने दुख से कहा—'प्रियवयस्य, मैं तो शकुन्तला को भूल ही गया था तुम्हारी मंदबुद्धि ने भी कुछ सहायता न की।' विदूषक ने कहा—महाराज मुझे स्मरण तो था किन्तु आपने चलते समय जो यह कह दिया था कि यह परिहास है और मैं इतना मूढ़ था कि मैंने उसे सत्य मान लिया।' विदूषक ने पूछा—आपके यहाँ से तिरस्कृत शकुन्तला का क्या हुआ? राजा ने बताया—मैंने उसकी सखियों से सुना था कि उसकी माता मेनका अप्सरा है, मुझे सन्देह है कि मेनका ही उसे ले गयी। विदूषक ने कहा—महाराज! माता-पिता पतिवियोग से दुःखिनी कन्या को अधिक दिनों तक नहीं देख सकते। अतः मुझे पूर्ण विश्वास है, शकुन्तला से आपका पुनर्मिलन अवश्य होगा। इसमें अँगूठी के मिलने का ढंग भी यह सिद्ध करता है कि उसे मिलना चाहिये। आप यह तो बतायें कि अपने नाम से अंकित यह अँगूठी आपने किस उद्देश्य से उसके हाथ में दी थी।' राजा ने बताया—आश्रम से मेरे चलते समय प्रियतमा के आँखों में आँसू भर गये थे, उन्हें देखकर मैं विचलित सा हो गया और यह अँगूठी देकर उससे यह कहा कि 'इस अँगूठी पर जितने अक्षर अंकित हैं, उतने ही दिनों में मेरा कोई आज्ञाकारी सेवक तुम्हें लेने के लिए तुम्हारे पास अवश्य आ जायेगा।' मैं उसे आश्वस्त करके चला आया किन्तु, कुछ ऐसा दुर्भाग्य कि मुझे बिस्मरण हो गया और अपनी प्रतिज्ञा से विमुख रहा। विदूषक ने यह जानना चाहा कि शकुन्तला के हाथ में अँगूठी रोहू मछली के पेट में किस तरह जा पहुँची? राजा ने बताया—'मित्र! दुर्दैव को क्या कहा जाय? जब तुम्हारी सखी शचीतीर्थ में वरुणदेव की वन्दना कर रही थी उसी समय अँगूठी गिरकर गङ्गा जी की धारा में जा पड़ी।' इतने में चित्रफलक लिए हुए दासी आयी। उसने कहा—'महाराज! ये चित्रस्थ महारानी हैं।' राजा चित्र देखकर मुग्ध हो गये और शकुन्तला के अंगों का विवेचन करने लगे। राजा ने दासी से कहा—इस चित्र में जो छूट गया है उसे मैं चित्रित करूँगा। मालिनी नदी सहित उसके तटपर बैठे हुए हंसदम्पति, चमरी गाय, मृगगण, हिमालय का पादप्रदेश, कृष्णसागर मृग के सींग से जिसकी बायीं आँख खुजलायी जा रही हो ऐसी एक हरिणी, तू जाकर तूलिका ले आ।' उसके चले जाने पर राजा चित्र के साथ ऐसे तन्मय हुए कि चित्र को ही वे सत्य शकुन्तला समझने लगे। चेटी के लौटने पर यह पता लगा कि गर्विता रानी वसुमती आ रही हैं। राजा ने विदूषक को चित्रपट छिपाने

के लिए कहा। इतने में प्रतीहारी अमात्य का पत्र लेकर आया और उससे यह भी पता लगा कि उसके हाथ में पत्र देखकर रानी वसुमती लौट गयी। पत्र पढ़कर राजा को यह ज्ञात हुआ कि एक धनवृद्धि नाम का बनिया जिसकी कोई सन्तान न थी, नौका के साथ डूब गया। अमात्य ने पूछा था कि उसकी सम्पत्ति राजसम्पत्ति मानी जाय या किया किया जाय। राजा ने पता लगाया। प्रतीहारी से ज्ञात हुआ कि उस बनिया की अनेक पत्नियों में एक साकेतपुर के किसी बनिये की पुत्री है जो गर्भवती है। राजा ने आदेश दिया कि उसके गर्भ से उत्पन्न सन्तति ही सम्पत्ति की अधिकारी मानी जाय। आदेश देने के बाद राजा चिन्तामग्न हो गये और सोचा कि सन्तान के अभाव में मेरी सम्पत्ति की भी तो यही दशा होगी। यह सुअवसर भी तो मैंने खो दिया। राजा रोने लगे कि मेरे पिण्डभागी पितर अब सन्देह में पड़ गये हैं। यह कहते-कहते राजा मूर्छित हो गये। नेपथ्य में विदूषक की आवाज सुनायी दी—'मैं अवध्य हूँ, अबध्य हूँ। पता लगाने पर कञ्चुकी ने बताया कि पेधाच्चल प्रसाद के सबसे उपरवाले हिस्से से आकर कोई मनुष्य आकृति का जन्तु आपके मित्र को पकड़ ले गया। जहाँ आपके मित्र चित्रपट छिपाने गये थे। राजा सहसा तैयार हुए और धनुष-बाण मँगवाया। नेपथ्य से आवाज आयी—'छटपटाते हुए पशु के नूतन रुधिर को पीनेवाले व्याघ्र की तरह मैं तुम्हें मार डालता हूँ। यदि दुष्यन्त में सामर्थ्य हो तो आकर तेरी सहायता करें।' राजा ने क्रुद्ध होकर कहा—राक्षसाधम! ठहर-ठहर। मैं तुझे अभी समाप्त कर देता हूँ, किन्तु राजा ने देखा वहाँ कोईनहीं था। उन्होंने सोचा ऐसा बाण चलाऊँ जो आततायी को मारे और ब्राह्मण को बचा ले।इतने में इन्द्र का सारथी मातलि और विदूषक आये। मातलि ने कहा—'महाराज! कालनेमि के वंशज कुछ राक्षस उपद्रव करने पर उतारू हो गये हैं उन्हें मारने के लिए आपके पास इन्द्र ने मुझे भेजा है। अतः आप अपने शस्त्रों को लेकर देवरथ पर बैठें, चलें।' मातलि ने क्षमा माँगने के स्वर में कहा—महाराज! आप शोकातुर थे, आपका ध्यान आकृष्ट करने के लिए ही विदूषक के साथ मैंने यह खिलवाड़ किया।

सप्तम अंक

राजा दुष्यन्त मातलि के साथ रथ पर चढ़कर आकाश मार्ग से इन्द्रलोक से आ रहे थे और मातलि से इन्द्र द्वारा प्राप्त सम्मान की चर्चा कर रहे थे। रथ आगे बढ़ता गया। राजा ने मातलि से पूछा—इस समय हम वायु के किस पथ पर चल रहे हैं? मातलि ने बताया—जो वायु आकाश गंगा को सँभाले हुए है,नक्षत्र मण्डल को सँभाले हैं, इस पार्थिव धूलशून्य प्रवह नाम के वायु का यह पथ है। यहीं भगवान् वामन का द्वितीय पादक्षेप हुआ थ। इसके बाद मेघ पथ आया। उसके बाद राजा अपनी अधिकार

भूमि में पहुँचे। राजा को वेग से उतरने के कारण यह मानवलोक विस्मयजनक प्रतीत हुआ। इतने में कश्यप प्रजापति की तपस्या का स्थल हेमकूट नाम का पर्वत दिखाई दिया। राजा की इच्छा हुई कि महाराज कश्यप की प्रदक्षिणा कर लें। रथ घुमाया गया। दोनों उतरे। मातलि ने राजा को दिखाया, कश्यप प्रजापतिका आधा शरीर वल्मीक में छिपा था। उस पर साँप की केंचुल और यज्ञोपवीत पड़े थे। गले में पुरानी लता के पत्ते चिपटे हुये थे। उनकी जटाओं में पक्षियों ने घोंसले बना लिये थे, ऐसे ठूँठे वृक्ष की भाँति सूर्य की तरफ मुख कर वे बैठे थे। राजा ने प्रणाम किया। मातलि ने वृद्ध शाकल्य से यह जाना कि भगवान् कश्यप महर्षि पत्नियों को दाक्षायणी पतिव्रता का उपदेश कर रहे हैं अतः राजा से थोड़ी देर कहीं अन्यत्र बैठने के लिए कहा और स्वयं कश्यप को दुष्यन्त के आगमन की सूचना देने चल गया। राजा की शुभसूचक भुजा फड़क रही थी। राजा ने नेपथ्य में आवाज सुनकर जब उधर ध्यान दिया तो देखा कि एक तेजस्वी शिशु सिंह-शावक को अपने साथ खेलने के लिए हठात् खींच रहा है और दो तपस्विनियाँ उसे ऐसा करने से रोकती हैं। शिशु सिंह के बच्चे से कह रहा था—मुँख खोल, तेरे दाँत गिनूँगा। एक तापसी ने कहा सिंह के बच्चे को छोड़ दो तुम्हें खिलौना दूँगी। शिशु ने हाथ फैलाया और कहा लाओ, दो। राजा हाथ देखकर विस्मय में पड़ गये कि इस लड़के के हाथ में तो सम्राट् होने के लक्षण हैं। एक तपस्विनी ने कुटिया में रखे मृण्मय मयूर देने की लालच देकर उसे हटाना चाहा किन्तु शिशु ने कहा—जब तक तू लायेगी तब तक इसी से खेलूँगा। अन्त में तापसी ने घबड़ाकर और सहायता के लिए किसी को न देखकर राजा से ही बच्चे को हटाने के लिए कहा। राजा ने कहा—'हे ऋषिकुमार!' तब तक तापसी ने कहा—'भद्र यह ऋषिकुमार नहीं है। यह पौरववंश का कुमार है।' राजा ने पौरववंश का कुमार है, ऐसा सुनकर आश्चर्य किया। तापसी ने यह भी बताया कि इसकी माँ का संबंध यहाँ की अप्सरा से है। उसने यहीं इसका प्रसव किया है। इसके पिता राजर्षि हैं। इतने में एक तापसी मृण्मय मयूर लेकर आई और कहा, 'यह देखो—शकुन्तलावण्य।' राजा को सन्देह हुआ कि इसकी माता का नाम शकुन्तला है, इसके पिता राजर्षि हैं, इसकी माता का सम्बन्ध अप्सरा से है, ये सारी बातें मेरे साथ घट रही हैं। बच्चे ने मयूर को लेते हुए कहा—'यह मुझे अच्छा लगता है।'तापसी ने इसका सूना हाथ देखकर कहा—'हाय इसके हाथ का रक्षा-'सूत्र नहीं दीखता।' इतने में राजा ने रक्षा-सूत्र उठाकर देखा—'घबड़ाइये नहीं, यह है।' दोनों तापसियाँ विस्मय के साथ एक-दूसरे को देखने लगीं। राजा के आश्चर्य का कारण पूछने पर तापसियों ने बताया—'जब इसका जात-संस्कार हो रह था उसी समय भगवान् कश्यप् ने इस अतिशय प्रभावशालिनी अपराजिता नाम की सुरमहौषधि इसके हाथ में

बाँध दी थी और कहा था कि यदि यह भूमि पर गिर पड़े तो इसकी माँ, इसके पिता और यह स्वयं उठा सकते हैं। दूसरा नहीं। क्योंकि यह औषधि सर्प बनकर चौथे को काट लेगी और इस महौषधि का प्रभाव हम लोगों ने अनेक बार देखा भी है। राजा को पूर्ण विश्वास हो गया। इस समाचार को कहने के लिए दोनों तापसियाँ जब चलीं तो बालक ने राजा से छोड़ देने के लिए कहा और बताया कि 'मैं भी माँ के पास जाऊँगा।' राजा ने कहा—पुत्र! मैं भी चलूँगा।' इस पर बालक ने कहा—'मेरे पिता दुष्यन्त हैं, तुम नहीं हो।' राजा को अब सन्देह नहीं रह गया। इतने में तपस्विनी वेष में शकुन्तला आयी उसके मन में अनेक तर्क-वितर्क उठते रहे। राजा और शकुन्तला दोनों ने एक-दुसरे को पहचान लिया और दोनों के नेत्र अश्रुपूर्ण हो गये। राजा अपने किये हुए कृत्यों के लिए क्षमा-याचना कर रहे थे। बीच-बीच में बालक माँ से पूछता जाता था—'माँ ये कौन हैं?' शकुन्तला अश्रुपूर्ण नेत्रों से कहती जाती थी—'अपने भाग्य से पूछो।' राजा शकुन्तला के आँखों के आँसू पोंछ रहे थे, अनुनय-विनय कर रहे थे। शकुन्तला भी अपने दुर्दैव को रो रही थी। मातलि आये और उन्होंने कहा—'चलिये भगवान् कश्यप आपको देखना चाहते हैं।' राजा ने शकुन्तला से कहा—'प्रिये बच्चे को सँभालो। तुम्हें आगे करके ही मैं भगवान् कश्यप के दर्शन करना चाहता हूँ।' अदिति के साथ आसन पर बैठे कश्यप दिखाई दे रहे थे। सब लोग समीप गये। दुष्यन्त, शकुन्तला और सर्वदमन ने प्रणाम किया। सपत्नीक भगवान् कश्यप ने आशीर्वाद दिया कि 'पुत्री, इन्द्र के तुल्य तुम्हारा स्वामी है, जयन्त के समान तुम्हारा पुत्र है अतः यही आशीर्वाद है कि तुम इन्द्राणी की भाँति मङ्गलवती हो। कश्यप ने यह भी स्पष्ट कर दिया कि दुर्वासा के शाप के कारण ही महाराजा दुष्यन्त भ्रान्त हो गये थे अतः तुम अपने मन में अन्यथा न मानना और दुष्यन्त से कहा—वत्स, इस बालक का मैंने विधिपूर्वक जातकर्म संस्कार आदि कर दिया है। आप इसे भावी चक्रवर्ती समझें।' कश्यप ने अपने शिष्य गालव को बुलाकर विस्तृत समाचार कण्व के पास भेज दिया। अन्त में भरतवाक्य है—राजा लोग प्रजा की भलाई करें, वेद जिसकी महिमा गाते हैं वह सरस्वती पूजित हो और सर्वशक्तिमान् हो। हमारे पुनर्जन्म को निवृत्त कर दें, (मोक्ष प्रदान कर दें।)

मृच्छकटिक

मृच्छकटिक के रचयिता शूद्रक हैं। मृच्छकटिक रूपकों के दस भेदों में से प्रकरण है। इस प्रकरण के प्रारम्भ में कहा है कि शूद्रक नाम के राजा महाबलशाली, वेद, गणित, कला, संगीत, हस्ति-शिक्षा आदिमें प्रवीण थे। इन्होंने अश्वमेध यज्ञ किया और सौ वर्ष तथा दस दिन की अवस्था में इनका देहान्त हुआ। कल्हण की राजतरंगिणी में विक्रमादित्य के साथ शूद्रक का नाम दिया हुआ है। स्कन्द पुराण में कहा गया है कि यह आन्ध्रभृत्य राजाओं में प्रथम था, बेताल पञ्चविंशति में इनकी आयु सौ वर्ष की बतायी गयी है। कादम्बरी के अनुसार ये विदिशाके राजा थे। दशकुमार चरित में दण्डी ने इनके अनेक जन्म-जन्मान्तरों का वर्णन किया है।एक दन्तकथा है कि रामिल और सेदिल ने शूद्रक की कथा लिखी थी। कुछ विद्वान् शूद्रक को कल्पित भी मानते हैं। म0म0 हरप्रसाद शास्त्री ने इन्हें स्कन्द पुराण और अभिनव राजशेखर के अनुसार आन्ध्रभृत्यों का प्रथम राजा शिप्रक,शिभुक या शिन्धुक ही माना है और मौर्य सम्राट् अशोक के बाद हुए, ऐसा माना है। कारण यह दिया है कि अशोक के समय से ब्राह्मणों का बध प्रारम्भ हो गया था। जीवानन्द विद्यासागर ने मृच्छकटिक के प्रथम अंक के शकार के भाषण में 'प्राणक' शब्द का प्रयोग तथा इसमें चाणक्य, महेन्द्र, रूद्र आदि नामों का निर्देश देखकर यह माना है कि मृच्छकटिक का समय रूद्रदामन से पूर्व नहीं हो सकता, क्योंकि इसके आठवें अंक के चौंतीसवें श्लोक में 'लुद्दे लाआ' यह रूद्रदामन को उद्देश्य करके कहा गया है। रूद्रदामन का समय ई0 130 के लगभग माना गया है। कोनो (Konow) महोदय ने इस प्रकरण में वर्णित राजकीय घटना-पालक का वध तथा गोपाल-पुत्र आर्यक का गद्दी पर बैठना इतिहास में वर्णित ईशवीय द्वितीय तथा तृतीय शतक की राजकीय घटना के अनुसार रहने के कारण, इसका समय यही माना है।

इस प्रकरण की प्राकृत भाषा और चारुदत्त के नाटक के आधार पर हुई। इसकी रचना को देखकर यही धारणा होती है कि यह द्वितीय, तृतीय शतक की ही है।

यह दस अंकों का प्रकरण है। कुछ भेद के साथ इसके प्रथम चार अंक भास के चारुदत्त के 4 अंक हैं। पञ्चम अंक से, जहाँ मृच्छकटिका माँटी—की गाड़ी की चर्चा

आयी है वहाँ से छह अंकों की शूद्रक की अपनी है और संभवतः इसी बात को बताने के लिए ही इसका नाम 'मृच्छकटिक' रखा गया है।

प्राकृत भाषा की दृष्टि से भी इस प्रकरण का बड़ा महत्व है। किसी भी अन्य रूपक में इतनी प्राकृत भाषायें प्रयुक्त नहीं हैं। इसमें शौरसेनी, मागधी, अवन्तिका, प्राच्या, शकारी, चाण्डाली और धक्की आदि प्राकृत भाषायें हैं। अपेक्षाकृत महाराष्ट्री का प्रयोग कम हुआ है। इसमें—

अवन्तिपुर्यां द्विज सार्थवाहो युवा दरिद्रः किल चारुदत्त,
गुणानुरक्ता गणिका च चस्य वसन्तशोभेव वसन्तसेना।
तथोरिदं सत्सुरतोत्सवाश्रयं नयप्रचारं व्यवहारदुष्टताम्,
खलस्वभाव भवितव्यतां तथा चकार सर्वं किलशूद्रको नृपः॥

अर्थात् इस मृच्छकटिक नाम के प्रकरण में राजा शूद्रक ने अवन्तीपुरी में रहनेवाले द्विज सार्थवाह, युवा, दरिद्र चारुदत्त और इनके गुणों में अनुरक्त वसन्त की शोभा की भाँति सुन्दरी वसन्तसेना के प्रणय, नीतिप्रचार, शासन एवम् उससे प्रभावित न्यायालय के दोष, दुष्ट लोगों के स्वभाव तथा भवितव्यता का वर्णन किया है। इस प्रकरण में तत्कालीन राजनीतिक सामाजिक परिस्थितियाँ चित्रित की गई हैं। राजा की राजनीतिक दरिद्रता के कारण समाज में जुआड़ियों, चोरों और अपराधियों का ही बोलबाला है। शाम हो जाने के बाद कोई भला आदमी सड़क पर निकलना भी नहीं चाहता और निकलना खतरे से खाली भी नहीं है। न्यायालय इतने व्यर्थ हो गये हैं कि राजा के साले के संकेत पर एक नगरी का सर्वविदित भला आदमी निरपराध फाँसी पर चढ़ाया जा सकता था। जहाँ एक तरफ ये अत्याचार अपनी चरम सीमा पर थे वहीं ऐसे भी सांस्कृतिक लोग थे जो बिना बलि दिये नहीं रहते थे। वेश्यायें भी नित्य पूजा-पाठ करती थीं। तात्पर्य यह कि भले लोग भी समाज में थे किन्तु राजा के अकर्मण्य हो जाने के कारण उनकी चलती न थी। वसन्तसेना एक वेश्या होती हुई भी धन का लोभ न कर प्राणों की बाजी लगाकर भी विशुद्ध प्रेमी को ही चाहती है और उसका विशुद्ध प्रेम देखकर ही सन्ध्या वन्दनादि करने वाला ब्राह्मण अपने मित्र राजा आर्यक की आज्ञा से वधू रूप में स्वीकार कर लेता है।

मृच्छकटिक को रूपकों में प्रकरण इसलिए कहा जाता है कि प्रकरण में— कथावस्तु कल्पित होती है। इसमें मध्यम वर्ग के सामान्य व्यक्ति की कथा होती है। इसका नायक मन्त्री, ब्राह्मण या बनिया होता है। नायक धीर प्रशान्त होता है और विघ्नों

से युक्त होता है। किन्तु धर्म, अर्थ तथा काम में तत्पर होता है। इसमें सन्धि, प्रवेशक रस आदि नाटक की भाँति होते हैं। नायिका कुलस्थी या वेश्या होती है।

प्रथम अंक—अलंकार न्यास

कथावस्तु—नान्दी के अन्त में सूत्रधारने आकर कहा कि हम मृच्छकटिक नामक प्रकरण का अभिनय करने जा रहे हैं। इसके रचयिता सर्वगुण सम्पन्न, महान् विद्वान शूद्रक हैं। इस प्रकरण में उन्होंने उज्जयिनी नगरी के प्रथम धनी तथा अपनी उदारता से सम्प्रति दरिद्र द्विजश्रेष्ठ चारुदत्त और उनके गुणों में अनुरक्त गणिका वसन्तसेना इन दोनों का समागम, नीति का प्रचार, तत्कालीन सामाजिक दशा और भाग्य का प्राबल्य यह सब कुछ उपनिबद्ध किया है। सूत्रधार ने कहा कि 'बहुत देर तक संगीत का अभ्यास करने के कारण बड़ी तेज भूख लगी है अतः घर चलूँ'। वहाँ जाकर देखा कि पत्नी गृह-कार्य में अत्यन्त व्यस्त है। सूत्रधार ने कलेवा के सम्बन्ध में जब पत्नी से कहा तो उसने बताया आज उपवास का व्रत है। बिना ब्राह्मण को भोजन कराये कलेवा आदि नहीं किया जा सकता। नटी (सूत्रधारपत्नी) के कहने पर सूत्रधार अपने अनुरूप ब्राह्मण को निमन्त्रित करने लगा। रास्ते में चारुदत्त के मित्र मैत्रेय ब्राह्मण को देखकर इसने भोजन का निमन्त्रण दिया किन्तु मैत्रेय ने अस्वीकार कर दिया। अस्वीकार तो कर दिया किन्तु मैत्रेय मन-ही-मन यह सोचने लगा कि जो मैं चारुदत्त की समृद्धावस्था में उस पर ही निर्भर करता था और सुख से था वहीं अब ऐसा प्रतीत हो रहा है कि चारुदत्त के दरिद्र हो जाने के कारण दूसरों के निमन्त्रण को स्वीकार करना पड़ेगा। खैर, आज चारुदत्त के प्रिय मित्र जूर्णवृद्ध ने चमेली के पुष्पों से सुवासित दुपट्टा दिया है और यह भी कहा है कि सन्ध्या-वन्दनादि से निवृत्त होने पर चारुदत्त को दे देना। घूम कर देखा कि देवकार्य से निवृत्त होकर गृहदेवताओं की बलि लेकर चारुदत्त उधर ही आ रहे थे। चारुदत्त अपनी गिरती अवस्था को देखकर अवसन्न थे। विदूषक (मैत्रेय) ने समीप आकर जूर्णवृद्ध के द्वारा दिये गये दुपट्टे को दिया। दुपट्टा लेकर चारुदत्त कुछ सोचने लगे। विदूषक के पूछने पर चारुदत्त ने कहा—'मित्र दरिद्रता बहुत बुरी चीज है। मैं तो दारिद्र्य और मरण में मरण को ही उचित समझता हूँ।' विदूषक ने कहा—'मित्र आश्रित जनों को अपना धन बाँट देने वाले तुम्हारी यह दरिद्रता भी, देवताओं के द्वारा पीने से बचे हुए प्रतिपदा के चन्द्रमा के समान सुन्दर लगती है।' चारुदत्त ने कहा—'मित्र धन तो आता-जाता रहता है किन्तु दुःख इस बात का है कि मेरे परिचित मित्र भी मुझसे कतराते हैं। खैर, मैंने गृहदेवताओं को बलि दे दी है। चौराहे

पर जाकर देवी-देवताओं को तुम इसे दे आओ।' विदूषक ने कहा—'इस बलि देने से क्या लाभ, जब तुम्हारे जैसे उदार चरित व्यक्ति पर देवी-देवता कृपा नहीं करते।' चारुदत्त ने कहा—ऐसा मत कहो। यह तो गृहस्थ का नित्य धर्म है।' विदूषक ने कहा—दूसरी बात यह है कि प्रदोष के समय सड़कों पर वेश्यायें, विट, चेट तथा राजा के तथाकथित विश्वास-पात्र राजपुरुष घूमते हैं और वे उचित अनुचित कुछ भी कर बैठते हैं अतः यदि कहीं मैं ही चपेट में आ जाऊँ तो क्या होगा? चारुदत्त ने कहा—थोड़ी देर ठहरो।'इतने में नेपथ्य में सुनाई दिया ठहरो। वसन्तसेना ठहरो। वसन्त सेना भयभीत हरिणी के समान भाग रही थी और उसका पीछा राजा का साला शकार, विट तथा चेट आदि कर रहे थे। शरारतपूर्ण वसन्तसेना की चाटुकारिता करते जा रहे थे। चेट ने तो यह भी कहा कि 'वसन्तसेने, इस राजवल्लभ के साथ रमण करो और मछली-मांस खाओ। जानती नहीं मछली मांस की अधिकता से मिलने के कारण उसे कुत्ते मुर्दे तक नहीं खाते।' वसन्तसेना घबड़ायी हुई 'पल्लवक, पल्लवकः परभृतिके, परभृतिके; माधविके, माधविके' आदि अपने परिजनों को पुकार रही थी। पीछा करने वाले तीनों उसको भयभीत देखकर ठहाका मारकर हँस रहे थे। शकार अप्रासंगिक बातें बोलता जा रहा था। कहता था—'जमदग्निपुत्र भीमसेन अथवा कुन्तीपुत्र दसकन्धर भी तुम्हें नहीं छुड़ा सकते। अपनीपैनी तलवार से अभी तेरा सर काट डालता हूँ।' वसन्तसेना अबला होने की दुहाई दे रही थी। आभूषण लेकर पीछा छोड़ देने की बात कह रही थी और वे उसे डरी हुई समझकर तालियाँ बजा-बजाकर हँसते थे। यद्यपि इन सबमें भी शकार की बेवकूफी को विट समझ रहा था किन्तु, यह राजा का साला है, इसलिए चुप रहता था। विट ने कहा—'वसन्तसेने, विद्वान् और मूर्ख बावली में स्नान कर सकते हैं, मोर और कौवा दोनों खिली लता पर बैठ सकते हैं, सभी प्रकार के लोग नाव से पार जा सकते हैं। अतः तुम्हारे साथ की वापी लता और नाव की तरह वेश्या होने के कारण सभी रमण कर सकते हैं। वसन्तसेना डाँट कर कहती है—'गुण अनुराग के कारण होते हैं बलात्कार नहीं।' इसी पर शकार ने कह दिया कि यह गर्भदासी वसन्तसेना कामदेवायतनोद्यान से ही चारुदत्त में अनुरक्त है और बायीं ओर चारुदत्त का घर है, अतः ऐसा प्रयत्न करना चाहिये कि यह हम लोगों के हाथ से न निकल जाय। विट ने शकार की मूर्खता जान ली किन्तु चुप रहा। उधर प्रगाढ़ अन्धकार में वसन्तसेना लुप्त हो गयी। शकार ने कहा—'मालाओं का गन्ध सूँघकर और आभूषणों की झंकार को देखकर मैं उसे अभी खोजे देता हूँ।' विट ने शकार से छिपाकर यह संकेत कर दिया कि घने अंधकार में तुम दिखाई तो नहीं दे रही हो तथापि मालाओं की गंध और

आभूषणों के शब्द तुम्हें पकड़वा देंगे।' वसन्तसेना सँभल गयी और अपने आभूषण तथा माला को निकाल लिया। इतने में चारुदत्त ने फिर कहा—'मैत्रेय जाओ बलिदे आओ।' मैत्रेय के फिर ना करने पर 'चारुदत्त अपनी दरिद्रता को कोसने लगे। मैत्रेय लज्जित हो गया और कहा—'मित्र, ठीक है, मैं जाता हूँ किन्तु दासी रदनिका को मेरे साथ जाने दें।' मैत्रेय ने रदनिका को वलि और दीपक ले लेने को कहा और साथ चला। ज्योंही दरवाजा खोला वसन्तसेना रदनिका के हाथ के दीपक को बुझाकर घुस गयी। मैत्रेय पुनः दीपक प्रज्वलित करने के लिए लौटा कि तब तक रदनिका को शकार ने वसन्तसेना समझकर पकड़ लिया। रदनिका के चिल्लाने पर उधर से दीपक जलाकर विदूषक शीधे आया और शकार आदि को डाँटने लगा—क्या आर्य चारुदत्त के दरिद्र होने के कारण तुम लोगों का यह साहस कि घर में घुस गये? यह रदनिका का अपमान नहीं, हमलोगों का अपमान है।' विट क्षमा माँगने लगा और कहने लगा—'ब्राह्मण देव! क्षमा करें। हम लोगों ने किसी अन्य स्त्री के भ्रम में इसे पकड़ लिया है। आपसे निवेदन है, इस वृत्तान्त को आर्य चारुदत्त से न कहें।' शकार बिगड़ा और उसने कहा—'इस दुष्ट ब्राह्मण से क्षमा क्यों माँगते हो?' विट ने कहा—'महाराज! मुझे चारुदत्त के गुणों से भय है। वह चारुदत्त दीनों का कल्पतरु, गुणरूपी फलों से नम्र, सज्जनों का कुटुम्बी, सच्चरित्रों का कसौटी, शीलरूपी समुद्र की सीमा, सबके सत्कारकर्त्ता, किसी का तिरस्कार न करनेवाले, पुरुष गुणों के निधान, कुशल और उदार तथा श्लाघनीय हैं। अपने गुणोत्कर्ष से वे ही जीवित हैं, अन्य लोग तो श्वास ले रहे हैं।' शकार क्रुद्ध हो उठा और उसने कहा—ऐ दुष्ट ब्राह्मण, उस दरिद्र चारुदत्त से कहना कि यह सोने के आभूषणोंवाली वसन्तसेना कामदेव के उद्यान के मेले के दिन से ही तुझमें अनुरक्त है और मेरे द्वारा पीछा किये जाने पर तेरे घर में घुस गई। अतः तू सुरक्षापूर्वक इसको स्वयं ही मेरे हाथों में सौंप देगा तो अधिकरण (कचहरी) में बिना अभियोग चलाये ही तेरी-मेरी घनिष्ट-मित्रता हो जायेगी और याद रखो यदि न लौटाई गई तो तेरा-मेरा बैर मृत्यु-पर्यन्त चलेगा। ब्राह्मण! उसे भली-भाँति समझाना और इस प्रकार कहना जिससे मैं अपने छज्जे पर बैठा हुआ सुन सकूँ। यदि मेरे इस सन्देश में कुछ भी फेर-बदल किया तो तेरा सर मड़मड़ा दूँगा।' सबके चले जाने पर विदूषक ने रदनिका से कहा—'रदनिके, इस अपमान को चारुदत्त से मत कहना क्योंकि दरिद्रता से पीड़ित उनकी वेदना दुगुनी हो जायेगी।' रदनिका ने कहा—'नहीं कहूँगी।' अँधेरे में वसन्तसेना को रदनिका समझकर चारुदत्त ने कहा—'रदनिके! सांयकालीन हवा से रोहसेन (चारुदत्त का पुत्र) ठिठुर रहा है। इसे अन्दर पहुँचा दो और यह दुपट्टा ओढ़ा

दो।' ऐसा कहकर दुपट्टा फेंक दिया। वसन्तसेना भ्रम को समझ गई। दुपट्टा ले लिया। दुपट्टे की गन्ध को सूँघ कर सोचने लगी, चारुदत्त का यौवन आज भी उदासीन नहीं है। वसन्तसेना चुप रही। इस पर चारुदत्त को यह समझ में आया कि मेरी दरिद्रता के कारण मेरे परिजन भी मुझसे अनुरक्त होकर बात नहीं करते। उन्होंने कहा—'रदनिके! बोलती क्यों नहीं!' विदूषक ने आकर कहा—विदूषक यह है।' चारुदत्त ने पूछा—'वह दूसरी कौन थी?' विदूषक ने कहा—'वह वसन्तसेना थी जो कामदेव के उत्सव के समय से ही तुममें अनुरक्त है। चारुदत्त ने कहा—'मेरे वैभव के नष्ट हो जाने पर भी यह अनुरक्तता।' विदूषक ने कहा—'मित्र! राजश्यालक शकार ने यह सन्देश भेजा है।' सन्देश को ज्यों का ज्यों कह दिया। चारुदत्त ने अवज्ञापूर्वक कहा—'वह तो मूर्ख है।' चारुदत्त ने वसन्तसेना से भ्रम के लिए क्षमा माँगी और वसन्तसेना ने प्रणाम किया। वसन्तसेना ने निवेदन किया—आर्य! इन आभूषणों को मैं श्रीमान् के घर धरोहर रखना चाहती हूँ क्योंकि इन्हीं के कारण ये पापी मेरा पीछा करते थे।' चारुदत्तने पहले तो धरोहर रखना उचित नहीं समझा किन्तु बाद में आग्रह करने पर विदूषक से रख लेने को कहा। तदनन्तर वसन्तसेना को आर्य चारुदत्त और वसन्तक उसके घर पहुँचा आये। लौटकर चारुदत्त ने समझाया—'मैत्रेय! इस सुवर्णपात्र की रात्रि में तुम्हें तथा दिन में वर्धमानक को रक्षा करनी होगी।

द्वितीय अंक—द्यूत-संकारक

अन्यमनस्क उत्कण्ठित वसन्तसेनाके पास आकर चेटी ने कहा—'आर्ये! (आपकी) माता जी ने आदेश दिया है कि आप स्नान करके देवपूजा कर लें। वसन्तसेना ने उत्तर दिया—'आज मैं स्नान नहीं करूँगी।' पास में बैठी मदनिका ने स्नेहवश पूछा—'आर्ये! आजकल यह आपकी क्या दशा हो रही है? लगता है आप किसी प्रियजन की सोच रही हैं।' वसन्तसेना ने कहा—'तू तो दूसरों के हृदय को समझने में बड़ी चतुर हो। मैं न किसी राजा, न राजवल्लभ, न ब्राह्मण, न वणिक को ही चाहती प्रत्युत मैं स्वनामधन्य आर्य चारुदत्त से प्रेम करती हूँ।' मदनिका ने सन्देह व्यक्त किया—'वे तो दरिद्र हैं। इस पर वसन्तसेना ने कहा—'इसीलिए तो मैं चाहती हूँ क्योंकि दरिद्र पुरुष से स्नेह करनेवाली वेश्या लोक में अनिन्दनीय होती है।' मदनिका ने पूछा—'क्या आपने उनकी दरिद्रता को ध्यान में रखकर ही आभूषणों को धरोहर रखा है? वसन्तसेना ने कहा—'ठीक समझती हो।' नेपथ्य में सुनायी पड़ा—अरे! यह दस सोने के मोहरों का देनदार जुआड़ी पकड़े जाने पर भी भाग रहा है। पकड़ो, पकड़ो। इतने

में संवाहक (एक जुआड़ी) आया वह जुआड़ियों के जीवन को कष्टप्रद मानकर कोस रहा था। सोच रहा था कि समिक (माथुर) को लेख आदि में उलझा हुआ देखकर भाग तो आया किन्तु इस बीच रास्ते में कहाँ छिपूँ, अच्छा जब तक समिक और द्यूतकर खोजते हुए आते हैं तब तक उल्टे पैरों से इसशून्य मन्दिर में देवी की प्रतिमा बनकर बैठ जाता हूँ। द्यूतकर और माथुर आये ओर उसके पदचिह्नों का अनुसरण करते हुए उस मन्दिर तक पहुँच गये किन्तु संवाहक को न पाकर और मन्दिर में केवल एक मूर्ति देखकर दोनों ने उस शून्य मन्दिर में जुआ खेलने का निश्चय किया। संवाहक कत्ता (पाशा) आदि शब्दों को सुनकर अपने को रोक न सका। सहसा जुआ में सम्मिलित हो गया। उसके मिल जाने पर दोनों ने उसे पीटना शुरू किया किन्तु न दे सकने की इस विवशता को प्रगट करने पर भी कि वह कहाँ से दे, उसके पास कुछ भी नहीं है। इस पर भी उसे दोनों पीटते ही रहे। संवाहक गिर गया और रक्षा करो, रक्षा करो, ऐसा चिल्लाने लगा। इतने में दर्दुरक (एक जुआड़ी) आया और यह कहता रहा जुआ तो बिना सिंहासन का राज्य है। जुआड़ी पुरुष तिरस्कार की चिन्ता नहीं करता। वह नित्य धन का आदान-प्रदान करता रहता है और राजा के समान अपने ऊपर ही दृष्टि रखता है। यद्यपि तीया, दुआ, नक्का के चक्कर में मैं सर्वथा मिट चुका हूँ तथापि द्यूत-लालसा मुझे छोड़ना नहीं चाहती। जो भला दिन भर सिर झुकाये तथा ऊपर पैर किये नहीं ठहर सकता, घसीटें जाने पर भी जिसकी पीठ पर खरोंच नहीं होती तथा भाग जाने पर भी जिसे कुत्ता नहीं काटते उस अतिशय कोमल व्यक्ति को जुआ नहीं खेलना चाहिये दर्दुरक ने सोचा—माथुर को सान्त्वना देनी चाहिये। उसने कहा—'माथुर जी! नमस्कार।' माथुर ने नमस्कार का उत्तर दिया। दर्दुरक ने कहा—'क्यों बेचारे को पीट रहे हो? दस सोने की मोहर तो एक जुआड़ी के लिए कलेवा मात्र है।' माथुर बिगड़ गया। दर्दुरक भी क्रुद्ध हो गया और कहा—'मेरे सामने तुम इसका कुछ नहीं बिगाड़ सकते। तुमने सड़क पर पीटा है। यदि कचहरी में पीटो तो देखें।' माथुर ने कहा—'हाँ देखूँगा।' दर्दुरक ने कहा—'केसे देखोगे?' उसने आँखें फाड़कर कहा—'ऐसे देखूँगा।' इतने में दर्दुरक ने माथुर की आँखों में धूल झोंककर संवाहक को भाग जाने का संकेत किया। संवाहक भाग गया। दर्दुरक ने मन में सोचा कि मैंने माथुर से विरोध किया है अतः यहाँ ठहरना उचित नहीं है। दूसरी बात यह भी है कि शर्विलक ने मुझसे कहा था कि आर्यक नाम का कोई गोपाल पुत्र सिद्ध के कथन से राजा होगा। मुझ जैसे सभी लोगों को उसका अनुसरण करना चाहिये। अतः वहीं चलूँ। संवाहक भागकर जाते हुए वसन्तसेना का दरवाजा खुला हुआ देखकर घुस गया। वसन्तसेना को देखकर, 'आर्ये

शरणागत हूँ' ऐसा कहा। वसन्तसेना ने अभयदान दिया। वसन्तसेनाने पूछा—'तुमको किससे भय है? संवाहक ने कहा—'आर्ये! धनिक से।' उधर माथुर ने अपनी आँखें पोंछी और द्यूतकर से पूछा संवाहक कहाँ गया? द्यूतकर ने उसके भाग जाने की बात बतायी। माथुर ने कहा कि उसकी नासिका पर मेरे मुक्के से चोट आयी थी। आओ मधिर का अनुसरण करते हुए चलें। दोनों गये और अंत में यह निश्चय किया कि वह वसन्तसेना के घर में घुस गया है। इस पर दोनों कुछ निराश से हुए। इधर वसन्तसेना के संकेत से मदनिका ने संवाहक से पूछा—'आप कहाँ से आये हैं, कौन हैं, किसके पुत्र हैं, क्या व्यवसाय है और आपको किससे भय है? संवाहक ने बताया कि वह पाटलिपुत्र का रहनेवाला समृद्ध घराने का लड़का है और संवाहक (हाथ पैर दबानेवाला) की वृत्ति करता है। वसन्तसेना ने कहा—'आपने बड़ी कोमल कला सीखी है।' संवाहक ने कहा—'पहले तो कला ही समझकर सीखा था किन्तु अब यह जीविका बन गयी है। आर्ये! मैं उज्जयिनी की प्रशंसा सुनकर यहाँ आया था। आने पर एक महान् व्यक्तित्व के समबन्ध में मैंने सुना जो दर्शनीय मधुरभाषी, उपकार माननेवाले तथा अपकार को भूलनेवाले शरणागतवत्सल हैं।' वसन्तसेना ने कहा—'क्या अब निर्धन हो गये हैं?' संवाहक ने आश्चर्य किया कि बिना कहे ही आपने कैसे जान लिया। वसन्तसेना ने कहा—'इसमें जानना ही क्या है? सब जानते हैं कि गुण और धन का एक संयोग दुर्लभ होता है।' चेटी ने संवाहक से उसका शुभ नाम पूछा। उसने उनका नाम आर्य चारुदत्त बताया। संवाहक ने बताया कि उसी महानुभाव के यहाँ मैं वैतनिक परिचारक था और उनके निर्धन हो जाने पर मैं जुआड़ी हो गया। दरवाजे पर द्यूतकर और सभिक बड़बड़ा रहे थे 'मैं लुट गया, मैं लुट गया,' वसन्तसेना ने अपना कड़ा उतार कर मदनिका से कहा कि यह कड़ा उन लोगों को देकर संवाहक को मुक्त करो। वे दोनों कड़ा पाकर संतुष्ट होकर चले गये। संवाहक प्रायश्चित्तस्वरूप बौद्ध संन्यासी हो गया। इतने में नेपथ्य में वसन्तसेना के मतवाले खुण्डमोटक नामक हाथी के हथिसार से छूटने और उत्पात मचाने का कोलाहल सुनायी दिया। घबड़ाये हुए कर्णपूरक ने आकर वसन्तसेना को बताया कि आपके खुण्डमोटक नामक हाथी ने यदि मैं न होता तो बड़ा अनर्थ कर दिया होता। अपने दाँतों तले एक संन्यासी को दबा दिया था। मैंने ही उसे बचाया है। वसन्तसेना ने कहा कि तुमने अच्छा किया। कर्णपूरक ने कहा उस हाथी को मार भगाने पर पूरी उज्जयिनी मुझे देखने के लिए उमड़ पड़ी। इसी बीच एक व्यक्ति ने अपने अंगों को आभूषणों से शून्य देखकर आकाश की ओर देखते हुए तथा लम्बी श्वाँस खींचकर मेरे ऊपर यह दुपट्टा फेंक दिया। वसन्तसेना ने जानना चाहा कि क्या यह

दुपट्टा चमेली के पुष्पों से सुवासित है या उस पर नाम आदि कुछ चिह्न है? कर्णपूरक ने दुपट्टा दे दिया। वसन्तसेना ने स्वयं उस दुपट्टे पर आर्य चारुदत्त का नाम पढ़कर सस्पृह उसे ओढ़ लिया। कर्णपूरक और चेटी दोनों ने कहा—आपको दुपट्टा अच्छा लगता है। वसन्तसेना ने कर्णपूरक को पारितोषिक के रूप में आभूषण दिया।

तृतीय अंक–संधिच्छेद

चेट ने आकर बताया कि आर्य चारुदत्त को गाना सुनने के लिए गये हुए कितनी देर हो गयी। आधी रात बीत रही है, अब भी नहीं आये। उधर चारुदत्त विदूषक के साथ गाना-सुनकर लौट रहे थे और रेमिल के गान को शास्त्रीय और अति सुन्दर सिद्ध करते हुए अघाते नहीं थे। विदूषक ने कहा—मित्र! रात अधिक हो गयी है, चन्द्रमा अस्त हो रहा है, गलियों के कुत्ते आदि सो गये हैं अतः शीघ्रता कीजिये, चलिए। चेट ने दरवाजा खोला। दोनों पैर आदि धोकर बिस्तर पर गये। चेट ने कहा—आर्य मैत्रेय! यह सुवर्णपात्र दिन में मेरा तथा रात में तुम्हारा है, इसलिए लो।' विदूषक ने लेकर कहा—'क्या उज्जयिनी में कोई चोर भी नहीं है जो निद्रा में विघ्न डालनेवाला पात्र को चुरा ले जाता?' चारुदत्त ने कहा—'यह वसन्तसेना की धरोहर है। इसकी रक्षा तब तक तुम्हें करनी है जब तक यह उसे लौटा नहीं दिया जाता।' दोनों सो गये। इसी बीच शर्विलक (चोर) आया और चन्द्रमा को अस्त होते देख प्रसन्न हो गया तथा निश्चय किया कि सेंध लगाने का यह अच्छा समय है। शर्विलक चौर-शास्त्र का महान ज्ञाता था। अतः सेंध कैसी लगे, कहाँ लगे, किस समय लगे, आदि का उसे पूर्ण ज्ञान था। उसने चौराचार्य कनकशक्ति, भास्करानन्द को नमस्कार किया और अपना कार्य प्रारम्भ कर दिया। अत्यन्त कलापूर्ण शास्त्रविहित ढंग से सेंध लगायी तथा पहले प्रतिपुरुष को प्रविष्ट कराया बाद में कुमार कार्तिकेय को प्रणाम कर स्वयं सेंध में घुस गया। अन्दर जाकर देखा दो पुरुष सो रहे हैं। अपने शास्त्रज्ञान के आधार पर उसने निश्चय किया कि दोनों ही वास्तव में सोये हुए हैं। धन की खोज में घूमते हुए शर्विलक ने ढोल, वीणा, बाँसुरी आदि देखकर चारुदत्त की निर्धनता का निश्चय करने के साथ उसके संगीत प्रेम की सराहना की। संयोग कुछ ऐसा था कि विदूषक स्वप्न देखने लगा और स्वप्न में कहने लगा—सेंध दिखाई दे रही है, चोर दीख रहा है। अतः चोर से भयभीत होकर उससे सुवर्णपात्र को ले जाने के लिए कहनेलगा। शर्विलक असमंजस में पड़ गया कि इस निर्धन को लेकर इसे दुखी कैसे करें। स्वप्न में ही विदूषक बड़बड़ा रहा था—तुम्हें गौ

ब्राह्मण की शपथ है यदि डिब्बा नहीं लिया। शर्विलक ने शपथ सुनकर लेने का निश्चय किया। प्रकाश से थोड़ा ठिठका किन्तु शास्त्रीय ज्ञान के आधार पर दीपक बुझाने के लिए साथ ले जाये गये भद्रपीठ नामक कीड़े को छोड़ा। कीड़े ने जाकर पंखों से दीपक बुझा दिया। शर्विलक ने सोचा—'कीड़े ने दीपक बुझाकर अंधकार कर दिया अथवा इसे ऐसा समझना चाहिये कि चारों वेदों के ज्ञाता तथा दान न लेने वाले विद्वान् ब्राह्मण का पुत्र होकर भी में (शर्विलक) वेश्या मदनिका के लिए ऐसा अनर्थ कर रहा हूँ इसलिए मैंने ब्राह्मण कुल में ही अन्धकार कर दिया। विदूषक से भाण्ड लेना चाहा किन्तु विदूषक ने कहा मित्र तुम्हारा हाथ ठण्डा है। शर्विलक ने हाथ गरमा कर स्वर्ण पात्र को ले लिया। रदनिका उठ गयी। शोर मचाने लगी—सेंध लग गयी, चोरी हो गयी। चारुदत्त को सेंध दिखायी गयी। चारुदत्त जहाँ एक तरफ सेंध की बनावट की कला पर मुग्ध थे वहीं उन्हें यह खेद भी था कि मुर्ख दरिद्र के यहाँ चोर को सम्भवतः कुछ न मिल पाया हो, और उन्हें यह कष्ट भी था कि कल पूरी उज्जयिनी में यह फैल जायगा कि चोर जाकर भी चारुदत्त के घर में निर्धन होने के कारण कुछ पा न सका। विदूषक ने चारुदत्त से कहा—'मित्र! तुम बराबर मुझे नासमझ मूर्ख कहा करते हो किन्तु मैंने कितनी बड़ी बुद्धिमानी की कि सुवर्ण-भाण्डा तुम्हें दे दिया था।' चारुदत्त ने जानना चाहा कि कब दिया। विदूषक ने याद दिलाया कि जब हमने कहा था कि तुम्हारा हाथ ठण्डा है। चारुदत्त ने स्वीकार कर लिया और इसलिये प्रसन्न हो गये कि चलो किसी प्रकार चोर का आना सार्थक हो गया किन्तु विदूषक के यह याद दिलाने पर कि वह न्यास था, चारुदत्त मूर्छित हो गये। उनको अपने चरित्र के सम्बन्ध में फैलनेवाले प्रवाद का भय हो गया। इस चोरी का पता जब चारुदत्त की सहधर्मिणी आर्याधूता को चला तो उन्होंने चारुदत्त और विदूषक के कुशल समाचार को जानकर और घटना की सत्यता को समझकर विदूषक को बुलाया और यह कहकर कि मैंने रत्नषष्ठी व्रत किया था उसी की दक्षिणा यह रत्नमाला है, इसे ले लो। विदूषक लेकर प्रसन्न हुआ। चारुदत्त से जाकर बोला—मित्र! आपकी धर्मपत्नी ने यह रत्नमाला दी है।' चारुदत्त ने कहा—मैत्रेय! रत्नावली लेकर वसन्तसेना के पास जाओ और उससे मेरी ओर से कहना कि आपका सुवर्ण पात्र जिसे अपना समझकर मैं जुए में हार गया, उसके बदले में इस रत्नावल को ले लीजिये। विदूषक के यह कहने पर कि चारो समुद्रों की सारभूत रत्नावली क्यों दे रहे हो, चारुदत्त ने कहा—वसन्तसेना के धरोहर रखने के उस विश्वास का यह मूल्य दिया जा रहा है क्योंकि विश्वासघात से बढ़कर कोई पाप नहीं है।

चतुर्थ अंक—मदनिका शर्विलक

वसन्तसेना और मदनिका दोनों बातें कर रही थी कि चेटी आयी और उसने वसन्तसेना से समीप जाकर कहा—आर्ये, माता जी ने आज्ञा दी है कि द्वार पर चारो ओर परदे से ढँका हुआ रथ खड़ा है अतः जाओ। उसने पूछा कि आर्य चारुदत्त मुझे ले जायें? चेटी ने कहा—नहीं, राजा के साले, जिसने रथ के साथ दस हजार के आभूषण भेजे हैं। वसन्तसेना ने क्रुद्ध होकर कहा—यदि माता जी मुझे जीवित देखना चाहती हैं तो ऐसी आज्ञा न दें। इतने में शर्विलक आया और वसन्तसेना के लिए ताड़ का पंखा लेने के लिए आती हुई मदनिका को देखा। मदनिका ने भी शर्विलक को देखा। दोनों ने एक-दूसरे को सस्नेह देखा। शर्विलक ने शंकित होकर मदनिका से रहस्य में कुछ बातें करने के लिए कहां शर्विलक ने मदनिका से पूछा कि वसन्तसेना क्या तुमको मूल्य लेकर छोड़ देगी?वसन्तसेना यह सुनकर कि मेरे सम्बन्ध की बात है, खिड़की से अपने को छिपाकर सुनने लगी। मदनिका ने पूछा, शर्विलक तुम्हारे पास इतना वैभव कहाँ है? उसने कहा तुम्हारे लिए आज रात्रि में चोरी का साहस कर डाला। मदनिका आश्चर्य में पड़ गयी और शर्विलक से यह जानना चाहा कि चोरी का साहस करते हुए उसने कोई कुकृत्य तो नहीं कर डाला। शर्विलक ने समझाया कि आभूषणों से अलंकृत किसी स्त्री की वस्तुओं को मैं नहीं चुराता, ब्राह्मणों तथा यज्ञादि शुभ-कार्यों के लिए रखे धन का भी अपहरण नहीं करता। धायी की गोदी के बालक को भी नहीं ठगता। चोरी करने में भी मैं कर्तव्य और अकर्तव्य पर पूरा विचार करता हूँ। अतः वसन्तसेना से निवेदन करो कि ये आभूषण आपके शरीर के नाप से बनाये गये है। स्वीकार करें। अलंकार दिखलाया। मदनिका को आश्चर्य हुआ कि ये अलंकार देखे हुए प्रतीत होते हैं। आग्रह करने पर शर्विलक ने बताया कि ये आभूषण चारुदत्त के घर से मिले हैं। मदनिका और वसन्तसेना दोनों घबड़ा गयीं। भयभीत मदनिका ने पूछा—कोई अनर्थ तो नहीं किया। शर्विलक ने कहा कि भयभीत तथा सोये हुए मनुष्य पर शर्विलक प्रहार नहीं करता। सदाचारी ब्राह्मणों के कुल में उत्पन्न होनेवाले मैंने तेरे स्नेह के अधीन होकर ही यह भी कुकर्म किया है। भ्रम से मदनिका को सर्वथा आकृष्ट न समझकर स्त्री जाति की निन्दा करने लगा—वे पुरुष मेरे मत में मूर्ख है जो लक्ष्मी एवं स्त्री पर विश्वास करते हैं। लक्ष्मी तथा स्त्रियाँ सर्पिणी की भाँति हैं। इनका कोई अपना नहीं होता। ये हृदय में किसी अन्य को रखकर दृष्टि से किसी और को तथा शरीर से किसी अन्य को चाहती हैं। इनका विश्वास हीं करना चाहिये। मदनिका विहँस पड़ी और

कहा—हे असत्य बोलनेवाले, असंभावित के लिये क्यों क्रोध करते हो। मैं तो सोच रही थी कि ये आभूषण वसन्तसेना के हैं। चारुदत्त के हाथ में धरोहर रखे गये थे। शर्विलक लजा गया। मदनिका ने प्रस्ताव रखा कि इन्हें उन्हीं महानुभाव को लौटा आओ। किन्तु शर्विलक के यह सन्देह करने पर कि यदि उसने कचहरी में कह दिया, मदनिका ने कहा—चन्द्रमा में कभी आतप नहीं झरता। शर्विलक ने समझाया कि मैं तो स्वयं इस घटना से लज्जित हूँ नहीं तो तुम जानती हो कि क्या यहाँ का राजा पालक चोरों को दण्ड दे सकता है? वह तो स्वयं अयोग्य है। उसके राज्य में तो चोरों की ही चलती है? किन्तु चारुदत्त जैसे महान् व्यक्तित्व के समक्ष भला, में कैसे चोर के रूप में उपस्थित हो सकूँगा। इस पर मदनिका ने दूसरा उपाय बतलाया कि अच्छा होगा यदि तुम आर्य चारुदत्त के आदमी बनकर इन अलंकारों को आर्या वसन्तसेना को दे दो। इस प्रकार तुम चोर भी नहीं रहोगे और चारुदत्त उऋण हो जायेंगे और बसन्तसेना को आभूषण भी मिल जायेंगे। वसन्तसेना ने प्रस्ताव सुनकर कहा—बहुत ठीक मदनिका, बहुत ठीक। वास्तव में विवाहिता स्त्री की भाँति तुमने सम्मति दी है। शर्विलक ने भी इस पथ-प्रदर्शन के लिए आभार व्यक्त किया। मदनिका ने वसन्तसेना से जानकर सूचना दी कि आर्य चारुदत्त के पास से एक ब्राह्मण आया है। आज्ञा पाकर मदनिका शर्विलक को ले आयी। वसन्तसेना के प्रणाम करने पर शर्विलक ने कहा कि घर के टूटे-फूटे होने के कारण इस सुवर्णपात्र की रक्षा करना कठिन है, ऐसा सोचकर इन आभूषणों को आपको देने के लिए आर्य चारुदत्त ने मुझे भेजा है, अतः इन्हें स्वीकार करें। वसन्तसेना ने कहा—आप मेरा प्रति सन्देश ले जायँ। शर्विलक के यह पूछने पर कि प्रतिसन्देश क्या है, वसन्तसेना ने कहा—मुझसे आर्य चारुदत्त ने कह रखा है कि जो इन अलंकारों को लाये उसे मदनिका को समर्पित कर देना। अतः ऐसा समझिये कि वे ही स्वयं मदनिका को दे रहे हैं, शर्विलक ने कहा—धन्य आर्य चारुदत्त! धन्य। वसन्तसेना ने अपने रथ पर चढ़ाकर दोनों को विदा किया। रथ के कुछ पग ही चलने पर नेपथ्य में यह सुनायी पड़ा—'राष्ट्रीय आज्ञा देते हैं कि यह गोपाल पुत्र आर्यक राजा होगा, यह सिद्ध पुरुष के वचन से भयभीत होकर, राजा पालक ने उसे बाँधकर भयंकर कारागार में डाल दिया है। अतः सबको सतर्क रहना चाहिये।' अपने प्रियमित्र आर्यक को बँधा हुआ सुनकर शर्विलक ने मदनिका को रेमिल के घर पहुँचवा दिया और अपने राजा उदयन के महामात्य यौगन्धरायण की भाँति अपनी जाति के लोगों, विटों तथा पालक के अपमान से क्षुब्ध सेवकों को आर्यक को मुक्त कराने तथा सब ओर

से उत्तेजित करने के लिए चल दिया। चेटी ने आकर वसन्तसेना को सूचना दी कि आर्य चारुदत्त के पास से ब्राह्मण आया है। वसन्तसेना ने बन्धुल के साथ ब्राह्मण को लाने की आज्ञा दी। लाते समय चेटी ने ब्राह्मण को भवन-द्वार का निरीक्षण कराया। ब्राह्मण (विदूषक) उसके द्वार की स्वच्छता, सजावट, गगनचुम्बी अट्टालिकाएँ, मणियों और रत्नों से जटित दरवाजे, ऊँची-ऊँची पताकाएँ मंगलकलश आदि देखकर आश्चर्यचकित हो उठा। चेटी ने उन्हें प्रथम प्रकोष्ठ में प्रविष्ट होने के लिए कहा प्रथम प्रकोष्ठ की शोभा देखकर वह और अधिक आश्चर्य में पड़ गया। बाद में वह द्वितीय प्रकोष्ठ में ले गयी और इसी प्रकार एक-दूसरे के बाद आठ प्रकोष्ठो से, जिनमें से कहीं रथ के बैल बँधे हुए थे, भैंसे लम्बी-साँसे ले रही थीं, मेढ़ों की गर्दनें मली जा रही थीं, घोड़ों के बाल सँवारे जा रहे थे, कहीं हाथियों को महावत खिला रहे थे, किसी प्रकोष्ठ में धनिक युवकों को बैठने के लिए आसन लगे थे, कामदेव की सन्धि और विग्रह में चतुर बड़े-बूढ़े विट रंग-बिरंगे चित्र लेकर इधर-उधर घूम रहे थे, किसी अन्य प्रकोष्ठ में मृदङ्ग आदि की गम्भीर ध्वनि हो रही थी। बाँसुरी बज रही थी, वीणा के तार झंकृत हो रहे थे, वेश्याओं की पुत्रियाँ नाच सीख रही थीं, शृंगार के नाटक पढ़ाये जा रहे थे, दूसरे प्रकोष्ठ में तरह-तरह की भोजन सामग्रियाँ तैयार हो रही थीं, कहीं बन्धुल लोग आनन्द से जीवन व्यतीत कर रहे थे, अन्य प्रकोष्ठ में शिल्पीगण वैदूर्य, मोती, मूँगों, पोखराज, पद्मराग, मरकत आदि रत्नों का परस्पर विचार कर रहे थे, किसी अन्य प्रकोष्ठ में भाँति-भाँति के पिंजरों में भाँति-भाँति के पक्षी-कबूतर, तोते, मैना, कोकिल, बटेर, तीतर, हंस पाले गये थे, किसी अन्य प्रकोष्ठ में वसन्तसेना के परिवार के लोग—उसकी माता, उसके भाई आदि रह रहे थे; वसन्तसेना का विशाल भवन देखकर विदूषक ने सोचा कि यहां तो त्रिभुवन का वैभव ही एकत्र हो गया है। यह पता नहीं चलता कि वेश्या का घर है या कुबेर के भवन का बिस्तार। चेटी ने कहा—ब्राह्मण! आइये, आर्या वसन्तसेना वृक्षवाटिका में बैठी हैं। उस वृक्ष वाटिका में प्रवेश कर विदूषक ने यूथिका, हरसिंगार, चमेली, मालती, नवमल्लिका, कुरबक तथा अतिमुक्तक आदि पुष्पों को देखकर सोचा कि यह वाटिका नन्दनवन की शोभा से भी बड़ी शोभावाली है। वसन्तसेना के समीप जाकर कहा—आपका कल्याण हो। उसने कहा—मैत्रेय! आपका स्वागत है, बैठिये। आर्या चारुदत्त कुशल से तो हैं न। विदूषक ने कहा—जी हाँ, सकुशल हैं! उन्होंने सिर पर अञ्जलि बाँधकर यह निवेदन किया है कि वह सुवर्णपात्र अपना समझकर जूए में हार गया। इसलिए इसके बदले में आप यह रत्नावली ले लें। वसन्तसेना ने हँसकर व्यंग्य किया—अच्छा, तो आर्य चारुदत्त जुआड़ी हो गये हैं और रत्नावली लेकर कहा

अच्छा तो मेरी ओर से उन जुआड़ी आर्य चारुदत्त से कहना कि मैं भी आज प्रदोष काल में उनसे मिलने आऊँगी।

पंचम अंक–दुर्दिन

अकस्मात् दुर्दिन हो गया और दुर्दिन में बादलों की गड़गड़ाहट, बिजली की चमक और कभी तेज तथा कभी धीमी वर्षा को देखकर चारुदत्त उतकण्ठित हो गये और सोच ही रहे थे कि वसन्तसेना के पास गये मैत्रेय को बहुत समय हो गया, वह लौटा नहीं कि विदूशक (मैत्रेय) आ गया और वेश्यालय की स्थिति से उद्विग्न-जैसा होकर चारुदत्त को भी विरत होने की राय देने लगा। चारुदत्त ने उसे निन्दा करने से रोका। विदूषक ने बात समझ ली और कहा कि वसन्तसेना ने यह सन्देश दिया है कि आज सायंकाल में आऊँगीं विदूषक और चारूदत्त-दोनों बात कर ही रहे थे कि कुम्भीलक (वसन्तसेना का दूत) ने आकर वसन्तसेना के आगमन की सूचना दी। तदनन्तर शुक्लाभिसारिका के वेष में उत्कण्ठित वसन्तसेना छत्रधारिणी सेविका तथा विट के साथ आयी। वसन्तसेना वर्षा में भींग गयी थी, उसके पैरों में कीचड़ लग गया था। उसने चारुदत्त के सेवकों से निवेदन किया कि आप लोग जाकर आर्य चारुदत्त से निवेदन कर दें कि उनके दर्शन की अभिलाषिणी वसन्तसेना बाहर खड़ी है। चारुदत्त के आदेश देने पर विदूषक गया। उसने विदूषक को प्रणाम किया। विदूषक ने उसका स्वागत किया। विदूषक से उसने पूछा—'आपके द्यूतकर कहाँ हैं?'उसने बताया कि इस सूखी हुयी वृक्षवाटिका में हैं। आइये, चलिये। वसन्तसेना ने जाकर चारुदत्त से कहा—'द्यूतकर जी! आपका प्रदोष सुखकारी तो है।' वसन्तसेना ने चारुदत्त से सहर्ष कहा—'ओह! वसन्तसेना आ गयी। प्रिये, आज का प्रदोष क्या तुम्हारे मिलने से सारा जीवन ही सुखकारी हो उठा है।' सब लोग बैठ गये। चारुदत्त ने मैत्रेय से कहा—कि वसन्तसेना के वस्त्र भींग गये हैं। सूखे वस्त्र लाओ। सुनकर चेटी वस्त्र ले आयी। चारुदत्त से आज्ञा लेकर विदूषक ने वसन्तसेना से पूछा—'क्या रत्नावली पाकर भी सुवर्णपात्र का मूल्य हो गया, ऐसा न समझकर आप और कुछ माँगने आयी हैं?' वसन्तसेना की चेटी ने कहा—नहीं। उस सुवर्णपात्र को आर्या अपना समझकर जुए में हार गयी हैं, अतः जब तक वह ढूँढ़ा जाय तब तक के लिए इस सुवर्णपात्र को ही ले लीजिये। विदूषक ने बहुत ध्यान से देखा। चेटी ने बताया यह वही सुवर्णपात्र है। विदूषक ने चारुदत्त से सहर्ष कहा—यह वही सुवर्णपात्र है जो हमारे घर से चुरा लिया गया था! चारुदत्त ने कहा—'मित्र, जो बहाना हमने इसकी धरोहर लौटाने के लिए

किया था, वही हमारे सामने आ गया। मैंने भी छल किया था, वही छल सामने आ गया। जो कर्म दूसरे के साथ किया जाता है वैसा ही उसके सामने आ जाता है। वसन्तसेना ने चारुदत्त से कहा—आर्य, इस रत्नावली से मेरी परीक्षा करना आपको उचित नहीं था। चारुदत्त लज्जित होकर मुस्कराये और कहा कि वास्तविक बात पर कौन विश्वास करता। निर्धन होने के कारण मुझपर ही सन्देह होता अतएव ऐसा किया, अन्यथा न मानना। शृंगार भाव का अभिनय करते हुए वसन्तसेना ने चारुदत्त का आलिंगन किया और स्पर्श सुख का अनुभव कर चारुदत्त ने प्रत्यालिङ्गन किया और कहा कि दुर्दिन की कृपा से ही मुझे यह सौभाग्य मिला है। प्रिय, वसन्तसेने, यहाँ की छत जर्जर है, अतः यहाँ बैठना ठीक नहीं। अन्दर चलें।

षष्ठ अंक–प्रवहण विपर्मय

प्रातःकाल देर तक सोयी हुयी वसन्तसेना को चेटी ने जगाया और कहा कि पुष्पकरण्डक नाम के जीर्णोद्यान में अपने पास आप वसन्तसेना को पहुँचाने के लिए वर्धमानक को आर्य चारुदत्त ने आदेश दिया है। अतः आप तैयार हो जायँ। रात वाला रथ दरवाजे पर खड़ा है। वसन्तसेना ने पूछा—'क्या मैं अन्दर के प्रकोष्ठ में प्रविष्ठ हूँ।' चेटी ने बताया कि केवल अन्दर के प्रकोष्ठ में ही नहीं प्रत्युत यहाँ के सभी प्राणियों के मन में प्रविष्ठ हैं। सभी परिवार के लोग प्रसन्न हैं। जब आप जायेंगी तो सबको बड़ा कष्ट होगा। वसन्तसेना ने चेटी से कहा यह रत्नावली लो और मेरी बहन आर्या धूता को दे आओ और यह भी कहो कि आर्य चारुदत्त के गुणों से जीती हुई जैसे उनकी दासी हों वैसे आपकी भी। चेटी गई और लौटकर बताया कि आर्या धूता कहती हैं कि इसे आर्यपुत्र ने आपको समर्पित किया है अतः लेना उचित नहीं है और आप यह समझें मेरे लिए तो आर्यपुत्र ही सब आभूषणों के आभूषण हैं। चारुदत्त पुत्र रोहसेन को जो मिट्टी की गाड़ी से न खेलने और सोने की गाड़ी देने का हठ कर रहा था, लेकर रदनिका समझा रही थी कि 'भैया सोने की गाड़ी कहाँ से लाऊँ। पिताजी के पुनः समृद्ध होने पर सोने की गाड़ी से खेलना।' रोहसेन हठ करता ही जा रहा था। रदनिका ने सोचा—बसन्तसेना के पास चलूँ। सम्भवतः वहाँ बहल जाय। उसके पास गयी और प्रणाम किया। वसन्तसेना के पूछने पर रदनिका ने रोहसेन का परिचय कराया। वसन्तसेना ने रोहसेन को गोद में ले लिया और रोने का कारण पूछा। जब रदनिका ने बालक को यह बताया कि यह भी तुम्हारी माता लगती हैं तो बालक को सन्देह हुआ कि यह कैसी माता हैं जो अलंकृत हैं। मेरी माता के पास तो आभूषण नहीं हैं। बालक

की इन करुणापूर्ण बातों को सुनकर बसन्तसेना आर्द्र होकर रोने लगी तथा अपने सभी आभूषणों को उतार कर मिट्टी की गाड़ी को भर दिया और कहा—'बेटे सोने की गाड़ी बनवा लो।' द्वार पर सजा-सजाया बन्द रथ तैयार है, इसकी सूचना पाकर बसन्तसेना शृङ्गार करने लगी और उसी बीच रथ हाँकनेवाला चेट भी बिछाने की गद्दी लाने के लिए चला और सोचता गया कि ये बैल भड़कने वाले हैं अतः रथ से ही जाऊँगा। इसी बीच राजा के साले संस्थापक की आज्ञा पाकर स्थावरक रथ लेकर पुष्पकरण्डक नामक जीर्णोद्यान मे जाने के लिए आ निकला किन्तु गाँव की गाड़ियों से मार्ग रुका हुआ था। अतः आर्य चारुदत्त की वृक्ष-वाटिका के द्वार पर रथ खड़ा कर मार्गावरोध को हटाने के लिए चला गया। चेटी की इस सूचना पर कि रथ आ गया, अकेली वसन्तसेना उसे ही वर्धमानक वाला रथ समझकर, जाकर बैठ गयी। स्थावरक चेट मार्गावरोध हटाकर लौटा और यथापूर्व निश्चिन्त रूप से रथ हाँकने लगा। इतने में नेपथ्य में सुनायी दिया—अरे दौवारिको। आप अपने-अपने स्थानों पर सतर्क हो जायँ। यह गोपालपुत्र आर्यक कारागार को तोड़कर पहरेदार को मार कर तथा हथकड़ी बेड़ियाँ काटकर भाग गया। पकड़ो, पकड़ो। वर्धमानक चेट गद्दी लेकर आ गया। रथ को ठीक कर ही रहा था कि एक पैर में बेड़ी पहने मुख ढँके तथा घबड़ाया हुआ आर्यक आया और कुछ सोच-विचार कर चुपके से पीछे से रथ में घुस गया। उसकी बेड़ियों की खनखनाहट को वर्धमानक चेट ने नूपुरों का शब्द समझा और निश्चय किया कि वसन्तसेना आ गयी तथा चला। उधर सड़कों पर आर्यक की खोज में जय, जयमान, चन्दनक, वीरक, विशल्य, भीमांगद आदि रक्षक लोग स्थान-स्थान पर नियुक्त थे। चन्दनक के आदेश से वीरक ने डाँटकर कहा—अरे! रथवाहक! रथ रोक। यह किसका रथ है? कौन बैठा है और कहाँ जा रहा है? चेट ने बताया कि आर्य चारुदत्त का रथ है। आर्या वसन्तसेना बैठी हैं। पुष्पकरण्डक जीर्णोद्यान में चारुदत्त से मिलने जा रही हैं। चन्दनक रथ पर चढ़ गया और आर्यक के शरणागत हूँ, ऐसा कहने पर शरणागत को अभयदान दिया कुछ सोच-विचार कर रथ से उतरा और वीरक से कहा कि इसमें वसन्तसेना हैं जो चारुदत्त से मिलने जा रही हैं। वीरक को कुछ सन्देह हुआ और चन्दनक और वीरक दोनों आपस में ही बुरी तरह उलझ गये। एक-दूसरे को नीचा दिखाने का प्रयत्न करने लगे। चन्दन कुछ मजबूत पड़ा और निर्भय होकर आज्ञा दी—'रे रथवाहक! जा। यदि कोई पूछे तो कह देना कि वीरक और चन्दनक ने रथ का निरीक्षण कर लिया है। आर्ये वसन्तसेना! यह मेरी निशानी लेती जा।' ऐसा कहकर उसने तलवार दे दिया। शस्त्र पाकर आर्यक बहुत प्रसन्न हुआ। और परिस्थितियाँ अनुकूल देखकर सिद्ध वचन में पूर्ण

विश्वास करने लगा। चन्दनक नेपथ्य की ओर घूमा और उसने देखा कि पीछे से शर्विलक निकल गया। चन्दनक ने भी निश्चय कर लिया कि यतः मैंने राजा के प्रधान सेनापति वीरक से विरोध कर लिया अतः मुझे भी सपरिवार शर्विलक का ही अनुगमन करना चाहिये।

सप्तम अंक–आर्यापकरण

चारुदत्त और विदूषक पुष्पकरण्डक जीर्णोद्यान की शोभा देख रहे थे। चारुदत्त सोच रहे थे कि मैंने वसन्तसेना को शीघ्रातिशीघ्र लाने के लिए कहा था किन्तु वर्धमानक क्यों देर कर रहा है? इतने में रथ लेकर वर्धमानक आया। देखकर चारुदत्त ने विदूषक से कहा—'वसन्तसेना को रथ से उतारो। शीघ्रता में चारुदत्त ही रथ पर चढ़े और वसन्तसेना की जगह दूसरे को देखकर पूछा—यह कौन है। आर्यक ने कहा—शरणागत गोपाल जाति का आर्यक हूँ।' चारुदत्त के यह पूछने पर कि तुम्हें ही राजा पालक ने बँधवाया था? आर्यक ने हामी भरी। चारुदत्त ने प्रतिज्ञा की कि मेरी शरण में आये हुए आपको नहीं छोड़ सकता चाहे प्राण परित्याग भी करना पड़े। उसके पैरों की बेड़ी खोलने के लिए वर्धमानक को आदेश दिया। अभयदान पाकर आर्यक ने निवेदन किया—'आर्य! आपके उदार चरित को ध्यान में रखकर प्रेम के कारण ही मैं इस पर बैठा था। क्षमा करें और मुझे जाने की आज्ञा दें। चारुदत्त ने रथ से ही जाने का आग्रह किया और कभी-कभी बीच में अपने स्मरण करते रहने को कहा। आर्यक ने आभार प्रदर्शन किया और कहा—आपको भला, कैसे भुलाया जा सकता है। यह कहकर वह चला गया। चारुदत्त ने विदूषक से कहा—मैत्रेय यह महान् अपराध हुआ। बेड़ी को पुराने कुएँ में डाल दो अन्यथा कोई देख लेगा। मैत्रेय, मैं वसन्तसेना को देखने के लिए बहुत उत्सुक हूँ। मेरी बायीं आँख फड़क रही है, अतः आओ चलें। ज्यों ही घूमे, सामने ही अनिष्टकारी क्षपणक का दर्शन हुआ। चलो रास्ता बदल दें।

अष्टम अंक–वसन्तसेना मोहन

चित्त की शुद्धि और इन्द्रियनिग्रह का उपदेश देते हुए एक भिक्षु घूम रहा था कि राजा के साले शकार ने आकर कहा—ठहर रे, दुष्ट श्रमणक, ठहर। अभी तुम्हारा शिर तोड़ता हूँ।' विट ने उसे बहुत रोका किन्तु फिर भी श्रमणक को पीटने लगा। विट ने कहा—'इसे छोड़ दीजिये। यह अभी हाल में ही बौद्ध संन्यासी बना है। कुछ जानता नहीं। आपके प्रभाव से अपरिचित है, किन्तु शकार ने एक भी न सुनी और भिक्षु को खूब पीटा और भाग जाने को कहा। भिक्षु के चले जाने पर विट ने शकार का ध्यान

उद्यान की शोभा की ओर आकृष्ट किया। शोभा देखकर दोनों थके हुए एक शिला पर बैठ गये। शकार ने बसन्तसेना की चर्चा चलायी और स्थावरक चेट की, जिसे रथ लेकर शीघ्रातिशीघ्र आने को कहा था, प्रतीक्षा करने लगा। विट ने कहा—अभी आयेगा, आता ही होगा। स्थावरक चेट मध्याह्न हो जाने के कारण राजश्यालक कुपित होंगे, इस भय से घबड़ाया हुआ शीघ्रता से बैलों को हाँकता हुआ आ रहा था। रथ में बैठी वसन्तसेना सोच रही थी कि यह स्वर वर्धमान का नहीं प्रतीत होता। क्या आर्य चारुदत्त ने दूसरा वाहक तो नहीं भेज दिया। मेरी दायीं आँख फड़क रही है। हृदय काँप रहा है। दिशायें शून्य लग रही हैं। सब कुछ विपरीत दिखाई पड़ रहा है। शकार ने रथ को देखा और कहा—आ गये चेट, तो आ गये चेट। अच्छा तो इधर से रथ लाओ। चेट ने निवेदन किया कि सरकार, उस रास्ते से बैल मर जायेंगे, रथ टूट जायेगा और मैं भी मर जाऊँगा। घमण्ड के साथ शकार ने कहा, जानते नहीं मैं राजश्यालक हूँ? बैल मर जाने पर दूसरा खरीद लूँगा, रथ टूटने पर नया बनवा लूँगा। यदि तुम मर गया तो दूसरा रथ-वाहक रख लूँगा। कुछ भी हो उस टूटी दीवार से रथ लाओ। चेट उसी ओर से रथ ले आया। रथ में बैठी एक स्त्री को देखकर शकार आश्चर्य में पड़ गया। वसन्तसेना स्वयं सोचने लगी क्या वही मेरी आँखों में खटकनेवाला राजश्यालक? मैं भाग्यहीन बड़े संकट में पड़ गयी। विधि ने क्या किया? अब क्या करूँ। शकार कुछ असंगत बक रहा था कि विट ने वसन्तसेना को देखकर मन ही मन सोचा कि क्या हरिणी व्याघ्र का अनुसरण करने लगी? विट ने कहा—पहले तिरस्कार कर बाद में माता के वश में होकर धन के लिए आ गयी? वसन्तसेना ने सिर हिलाकर अस्वीकार किया। विट के यह पूछने पर कि क्या वेश्या जनोचित आत्मगौरव की कमी के कारण शकार से अभिरसरण करने आयी हो? उसने उत्तर दिया—रथ के बदलने के कारण धोखे में आ गयी हूँ। शरणागत हूँ। विट ने कहा—अच्छा डरो मत। शकार को विट ने समझाया कि रथ यहीं छोड़कर हम लोगों को पैदल चलना चाहिए किन्तु शकार रथ पर चढ़कर ही इसलिए चलना चाहता था कि स्वामी राजश्यालक जा रहे हैं, ऐसा लोगों को पता चले। इस पर विट ने कहा—वसन्तसेना तुमसे अभिसार करने आयी है। यह सुनकर शकार वसन्तसेना के पैरों पर गिर पड़ा और क्षमायाचना करने लगा। वसन्तसेना ने इसकी बेहूदी बातों पर क्रुद्ध होकर चरणप्रहार किया। शकार भी क्रुद्ध हो गया और चेट से पूछा—तुझे यह कहाँ से मिली? चेट के बताने पर शकार को यह निश्चय हो गया कि यह चारुदत्त से अभिसार करने जा रही थी न कि मेरे पास आयी है। यह रथ-परिवर्तन के कारण हो गया है। इसलिए चिढ़कर रथ से उतर जाने को कहा।

अन्यथा बालों को पकड़कर उतारने के लिए धमकाया। वसन्तसेना स्वयं उतरकर एक ओर खड़ी हो गयी। शकार ने विट को वसन्तसेना को मार डालने की आज्ञा दी। विट ने कहा—महाराज, यद्यपि इस उद्यान में कोई आदमी नहीं है तथापि दसो दिशा, वनदेवता, चन्द्रमा, सूर्य, धर्म, वायु, अन्तरात्मा तथा पाप-पुण्य की साक्षिणी भूमि ये सब साक्षी रहेंगे। अतः मारने की आज्ञा न दीजिये, अबला है। छोड़िये। शकार ने निराश होकर चेट से कहा—तुम मार डालो। तुम्हें बड़ा से बड़ा पुरस्कार दूँगा। चेट ने कहा—स्वामिन्, प्रसन्न होवें। यह तो मुझ अनार्य के द्वारा रथ परिवर्तन के कारण, यहाँ लायी गयी हैं। मुझे परलोक का भय है। शकार ने चेट को पीटा; फिर भी चेट तैयार नहीं हुआ। शकार ने दूर भाग जाने को कहा और वह चला गया। वसन्तसेना ने कहा—मैं शरणागत हूँ। शकार कमर कसकर मारने को तैयार हुआ किन्तु विट ने शकार की गर्दन पकड़ ली और ऐसा करने से रोका। शकार ने बुद्धिमानी से काम लिया और विट को समझाया कि तुम्हारे सामने यह लज्जित हो रही है, मुझे स्वीकार नहीं कर रही है। अतः थोड़ी देर के लिए यहाँ से चले जाओ और जो चेट मारने से भागा जा रहा है उसे पकड़ लाओ। विट ने भी मन ही मन सोचा सम्भव है। वेश्यापुत्री वसन्तसेना मेरी उपस्थिति में संकोच कर रही हो। अतः वह चलने को तैयार हुआ। वसन्तसेना ने अश्रुपूर्ण नेत्रों से आँचल पकड़कर विट से कहा—मैं शरणागत हूँ। विट ने समझाया—डरो मत। और शकार से कहा—वसन्तसेना तेरे हाथ में धरोहर रूप में है। शकार ने स्वीकार किया कि हाँ धरोहर रूप में ही है। विट ने पूछा—सचमुच। उसने कहा—सचमुचं' कुछ दूर जाने पर विट के मन में संदेह हुआ कि सम्भव है शकार वसन्तसेना को मार डाले अतः छिपकर देखने लगा। शकार के मन में भी कुछ संदेह हुआ और विट को बहकाने के लिए फूल चुनकर अपने को सजाते हुए कहने लगा—सुन्दरि वसन्तसेने। आओ, आओ! शकार का कृत्य देखकर विट संतुष्ट होकर चला गया। बसन्तसेना शकार की चाटुकारितापूर्ण बातें सुनकर क्रुद्ध हो गयी और कहा—ऐ दुष्ट, नीच पापी। मुझको धन से लुभाता है? क्या भौंरे निर्मल तथा पवित्र कमल को कभी छोड़ते हैं? क्या तेरे धन के लोभ से मैं प्रियतम चारुदत्त को छोड़ सकती हूँ? शकार ने कहा कि अच्छा तुम्हारे प्रियतम चारुदत्त अब तुम्हें बचायें। करो स्मरण चारुदत्त का। उसने कहा—आर्य चारुदत्त, प्रणाम। शकार और क्रुद्ध हो गया और कहा मरो वेश्यापुत्री मरो तथा गला घोंट कर माला डाला। वसन्तसेना मूर्च्छित होकर गिर गयी। शकार प्रसन्न हुआ और सोचा—दोषों की पिटारी, अविनय का निधान दुष्टा तथा चारुदत्त में अनुरक्त यह वेश्यापुत्री मेरे द्वारा मार डाली गयी। अच्छा तो अब वह बूढ़ा

विट आता होगा, कुछ दूर हटकर खड़ा हो जाऊँ। चेट के साथ विट आया और कहा—चेट को मना लाया। बताओ मेरी धरोहर (वसन्तसेना) कहाँ है?

उसने कहा चली गयी और बहुत पूछने पर शकार ने कह दिया मैंने उसे मार डाला। विट बड़ा दुखी हुआ। मूर्छित हो गया। चेट भी किंकर्तव्यविमूढ़ हो गया। विट और चेट दोनों ने जाना चाहा किन्तु शकार ने विट को पकड़कर कहा—वसन्तसेना को मारकर मुझ राजश्यालक को लाञ्छित करना चाहते हो? विट को शकार ने कई प्रलोभन दिये किन्तु विट ने फिर विश्वास नहीं किया और वहाँ से हटना चाहा कि शकार ने उसे पकड़कर यह कहना प्रारम्भ किया कि मेरे पुष्पकरण्डक जीर्णोद्यान में वसन्तसेना की हत्या कर कहाँ भाग रहे हो, चलो मेरे बहनोई के पास। उत्तर दो। उसने विट को पकड़ लिया। विट ने तलवार खींच ली। शकार डर गया। इस पर विट ने कहा—डर गये। तो भाग जाओ। उसके भाग जाने पर विट ने यह निश्चय कि जहाँ आर्य शर्विलक, चन्दनक आदि हैं वहीं मैं भी चलूँ और वह चला गया। शकार ने चेट से कहा—तुम मेरी नवनिर्मित अट्टालिका के ऊपर के भाग में ठहरो मैं अभी आता हूँ, चेट भी चला गया। शकार ने सोचा विट चला ही गया, चेट को अट्टालिका में हथकड़ी, बेड़ियों में बाँध दूँगा और बात गुप्त रह जायेगी। चलो देखूँ वसन्तसेना बिल्कुल मर गयी क्या? अच्छा तो इसे ढँक दूँ। उत्तरीय वस्त्र तो नामांकित है अतः सूखे पत्तों से ढँक देता हूँ। ढँककर सोचा कि कचहरी में जाकर मुकदमा दाखिल कर दूँ कि मेरे पुष्पकरण्डक जीर्णोद्यान में घुसकर धन के लोभ से समर्थवाह चारुदत्त द्वारा वसन्तसेना मार डाली गयीं आगे चला तो उसे भींगे हुए वस्त्र हाथ में लिए हुए बौद्ध संन्यासी दिखायी दिया। शकार ने सोचा—इस संन्यासी को तो मैंने बहुत पीटा था, उस अपमान से यह मेरे ऊपर ही हत्या का आरोप न लगा दे अतः गिरी हुई दीवार को फाँदकर चला जाऊँ और वह चला गया। गीले कपड़े लेकर संवाहक भिक्षु आया। सोचने लगा—गीले कपड़े को कहीं फैलाकर सुखाऊँ। उन्हीं सूखे पत्तों की ढेर पर कपड़े को फैला दिया। थोड़ी दूर पर जाकर बैठा और यह शास्त्र वाक्य बोलने लगा कि जिसने इन्द्रियरुपी पॉच जनो को जीत लिया तथा अविद्यारुपी स्त्री को मारकर गॉव (शरीर) की रक्षा कर ली एवं दुर्बल चाण्डाल (अहंकार) का दमन कर दिया वह मनुष्य अवश्य ही स्वर्ग प्राप्त कर लेगा। अथवा ऐसे स्वर्ग से मुझे तब क्या प्रयोजन जब तक उस उपासिका वसन्तसेना का, जिसने दस सोने की मोहरे द्यूतकर को देकर मुझे छुडाया था, पत्युपकार नही कर लेता। ध्यान से देखकर क्या पत्तों में कोई श्वाँस ले रहा है? इसी बीच

वसन्तसेना ने सचेत होकर हाथ दिखाया। भिक्षु आश्चर्य में पड़ गया और जाकर देखा तो पाया कि वह उपासिका वसन्तसेना ही है और पानी माँग रही है। भिक्षु ने सोचा बावली तो दूर है। अच्छा, गीले कपड़े ही उसके ऊपर निचोड़ता हूँ। वसन्तसेना सचेत होकर उठी। भिक्षु गीले कपड़ों से हवा करने लगा। वसन्तसेना से पूछा—आर्य आप कौन हैं? भिक्षु के स्मरण कराने पर उसे स्मरण हो आया। भिक्षु ने कहा—उपासिके। पास ही बौद्ध-बिहार में मेरी धर्म की बहन है। वहाँ चलकर आश्वस्त हों, तब घर जाना। दोनों चले गये।

नवम अंक–व्यवहार

कचहरी (न्यायालय) खुल गया। जज आ गये। शोधनक (चपरासी) ने आज्ञा पाकर सूचना दी—यहाँ कौन-कौन व्यवहारार्थी (मुकदमा दाखिल करनेवाले) हैं। शकार ने कहा—सत्पुरुष, वासुदेव राजश्यालक कार्यार्थी हैं। शोधनक के सूचना देने पर जजों ने यह कहने के लिए कहा कि—आज जायँ, दूसरे दिन उनके मुकदमें पर विचार होगा। शोधनक ने आकर बताया। शकार क्रुद्ध हो गया और कहने लगा कि यदि मेरा मुकदमा आज न् देखा जायगा तो मैं अपने बहनोई राजा पालक, बहिन तथा माता से कहकर न्यायाधीश को बदलवा दूँगा। यह बात जब जजों को शोधनक ने बताई तो बेचारा जज भी डर गया और कहा—बुलाओ, उसका मुकदमा देखा जायगा। शकार ने अच्छा अवसर सोचा—जज डर गया है। जो कहूँगा वही ठीक मानेंगे। अतः प्रवेश करूँ। जज ने पूछा—आप कार्यार्थी हैं। शकार ने कहा—जी हाँ, कहकर शकार ने कहना प्रारम्भ किया—मेरे जीजा वे (राजा पालक) ने पुष्पकरण्डक नामक जीर्णोद्यान मुझे दिया है। वहाँ मैं रोज जाता हूँ। आज वहाँ एक स्त्री का शव मैंने देखा है। उसकी शून्य ग्रीवा तथा आभूषणरहित अंगों को देखकर मैंने समझा कि वसन्तसेना को उस एकान्त उद्यान में धन के लिए किसी ने बाहुपाश में दबाकर बलात्कारपूर्वक मार डाला। जज ने कहा कि अर्थी और प्रत्यर्थी (मुद्दई और मुद्दालह) से मुकदमा का सम्बन्ध होने के कारण वसन्तसेना की माता को न्यायालय में उपस्थित कराना चाहिए। वसन्तसेना की वृद्धा माता को बुलाया गया। वृद्धा से जज ने पूछा—आप वसन्तसेना की माता हैं? बतायें, वसन्तसेना कहाँ गयी है? उसने कहा—मित्र के घर। मित्र का नाम बताइए। वृद्धा ने कुछ ठहर कर और जज के आग्रह करने पर बताया—सार्थवाह विनयदत्त के पौत्र सागरदत्त के पुत्र स्वनामधन्य आर्य चारुदत्त। शकार ने कहा—'इसी चारुदत्त से मेरा विवाद है। जज ने कहा—'मुकदमे का प्रथम पाद लिखिए कि वसन्तसेना आर्य

चारुदत्त के घर गयी और यतः आर्य चारुदत्त का नाम आया है अतः उन्हें भी न्यायालय में उपस्थित किया जाय। चारुदत्त बुलाये गये। रास्ते में चारुदत्त ने कई अपशकुन देखे तथा आर्यक को मुक्त करने की बात भी सोची। चारुदत्त के न्यायालय में प्रवेश करने पर उनके व्यक्तित्व से जज बहुत प्रभावित हुए और बैठने के लिए आसन दिलवाया। शकार को यह अच्छा नहीं लगा। जज ने पूछा—आर्य चारुदत्त! वेश्या वसन्तसेना आपकी मित्र है? चारुदत्त संकोच में पड़े किन्तु जज के आग्रह करने पर स्वीकार किया। जज ने पूछा—वह कहाँ है?' उन्होंने कहा—घर चली गयी। श्रेष्ठिकायस्थ ने पूछा—क्यों गयीं, कब गयी और किसके साथ गयी? चारुदत्त ने कहा—घर गयी और क्या कहूँ। बीच में ही शकार बोल उठा—उस जीर्णोद्यान में तूने धन के लिए उसे मार डाला और कहता है कि घर चली गयी! चारुदत्त ने कहा—'अरे असंगत बोलनेवाले। तेरे झूठ बोलने से तेरे शरीर में पसीना आ रहा है, मुख काला पड़ रहा है। चुप रह।' जज ने पूछा—'आर्य चारुदत्त! वसन्तसेना पैदल गयी थी या रथ से।' इतने में ही वीरक आया। उसने बताया कि आर्यक को ढूँढ़ते हुए मैंने और चन्दनक ने एक ढँके हुए रथ को देखा और मेरे देख लेने पर 'अरे! तुने देख लिया अब मुझे भी देखना चाहिए' इस प्रकार कहते हुए चन्दनक ने मुझको लात से मारा। जज ने पूछा—भद्र! वह रथ किसका था।' उसने बताया कि आर्य चारुदत्त का। यह रथवान् ने मुझसे कहा। उस पर वसन्तसेना को बैठाकर विहार करने के लिए पुष्पकरण्डक जीर्णोद्यान में ले जा रहे हैं, जज ने वीरक से कहा—तुम्हारे न्याय पर बाद में विचार होगा, तब तक तुम उस उद्यान में देख आओ कि क्या वहाँ कोई मरी हुयी स्त्री पड़ी है? वीरक गया और लौटकर बताया एक स्त्री का शव कुत्ते खा रहे हैं। वह बालों, हाथों और पैरों से स्पष्ट ही स्त्री का शव है। जज ने चारुदत्त से कहा—'आर्य! सच सच बताइए।' उन्होंने कहा—अधिकरणिक जी। आप ही सोचिए, मैं विकसित लता को भी पुष्प लेने के लिए तो नहीं खींचता हूँ तब भला, केश पकड़ कर रोती हुयी स्त्री को कैसे मार सकता हूँ? इस पर शकार ने कहा—जज लोग पक्षपात कर रहे हैं। चारुदत्त को अब भी आसन पर बैठाये हुए हैं। जज ने शोधनक को आदेश दिया कि चारुदत्त को आसन से उठा दे। चारुदत्त को उठा दिया। चारुदत्त कहता रहा—विचार कीजिए अधिकारीगण, विचार कीजिए, और वह पृथ्वी पर बैठ गया। शकार हर्ष से नाच उठा। इतने में विदूषक, जो वसन्तसेना को आभूषण लैटाने जा रहा था, रेमिल से यह सुनकर कि आर्य चारुदत्त को न्यायालय में बुलाया गया है, लौट पड़ा और सीधे न्यायालय में आ गया। आकर यह जानकारी प्राप्त की कि शकार ने चारुदत्त पर धन के लिए जीर्णोद्यान में वसन्तसेना

को मार डालने का आरोप लगाया है। विदूषक क्रोध सँभाल न सका और शकार से लड़ गया। शकार भी उलझ गया। इसी बीच विदूषक के बगल से आभूषण गिर पड़े। शकार ने उन्हें उठाकर कहा—देखो, देखो, ये उस बेचारी के आभूषण हैं। अधिकारियों ने अपना सिर नीचा कर लिया। चारुदत्त स्थिति की गम्भीरता को समझ गया। विदूषक ने चारूदत्त से कहा—'सच्ची बात क्यों नहीं कहते?' चारुदत्त ने कहा—'मित्र! राजा के नेत्र दुर्बल हैं। वह सच्चाई का पता नहीं लगा पाते। मैं दीनतापूर्वक कह नहीं सकता। वह मेरे लिए मरण ही होगा।' जज ने कहा—खेद है, दुख है। वसन्तसेना की माता से श्रेष्ठिकायस्थ ने पूछा कि सुवर्णपात्र को देखिए यह वही है या नहीं।' उन्होंने बताया—वैसा ही है परन्तु वह नहीं है। श्रेष्ठिकायस्थ ने कहा—तब ये चारुदत्त के हैं। उन्होंने कहा—'नहीं ये पूजनीया की पुत्री (वसन्तसेना) के हैं। मैं यह नहीं जानता कि ये आभूषण वही हैं, किन्तु ये हमारे घर से लाये गये हैं, यह जानता हूँ।' जज ने कहा—आर्य चारुदत्त सच कहिए, अन्यथा अब आपको कठोर दंड मिलेगा। चारुदत्त ने कहा—मेरा जन्म निष्पाप कुल में हुआ है। मुझमें भी पाप का लश नहीं। फिर भी यदि मुझमें पाप की शंका की जाती है तो मेरे निष्पाप होने से क्या लाभ? जज के आदेश से राजपुरुषों ने आर्य चारुदत्त को पकड़ लिया। वृद्धा ने घकड़ाकर कहा—मैं अर्थिनी हूँ अतः आर्य को छोड़ दें। शकार ने कहा तुझे इससे क्या प्रयोजन? जज ने राजपुरुषों से वृद्धा को बाहर निकलवा दिया। वह रोती हुई चली गयी। अपना कार्य पूर्ण समझकर शकार भी चला गया। जज ने कहा—आर्य चारुदत्त। हम निर्णय करने वाले हैं किन्तु इससे अतिरिक्त कुछ करने के लिए राजा को अधिकार है। शोधनक जाकर राजा पालक से निवेदन करो कि 'मनु के कथनानुसार दोषकर्त्ता ब्राह्मण वध्य नहीं है। अतः इसे देश से निकाल देना चाहिए। शोधनक गया और लौटकर रोते हुए बताया—राजा पालक कहते हैं कि 'जिसने थोड़े से धन के लिए वसन्तसेना की हत्या की है उसको वही आभूषण पहनाकर डिण्डिम घोषपूर्वक दक्षिण श्मशान में ले जाकर शूली पर चढ़ा दिया जाय। जो कोई ऐसा कुकृत्य करेगा वह इसी प्रकार दण्डित किया जायगा।' चारुदत्त ने कहा—'ओह! राजा पालक बड़ा अविचारी है। मित्र मैत्रेय। जाओ मेरी ओर से माताजी को अन्तिम प्रणाम करना और मेरे पुत्र रोहसेन का भी पालन करना।' विदूषक रोने लगा। इस पर जज के आदेश से शोधनक ने उसे भी बाहर निकाल दिया। जज ने कहा—यहाँ कौन है? चण्डालों को आदेश दो। चारुदत्त को छोड़कर सब आर्य पुरुष चले गये।

दशम् अंक

दो चाण्डाल, कनियर की माला पहनाकर तेलरहित दीपक से क्षीण हो रहे आर्य चारुदत्त को आगे करके बध्य स्थान की ओर जा रहे थे। एक कह रहा था—आर्यों, हटो, हटो, सत्पुरुष का वध, गाय का प्रसव, तारों का टूटना और बहाने के लिए ले जाया जाता हुआ इन्द्रध्वज देखना उचित नहीं। दूसरे ने कहा—चारुदत्त की इस अवस्था पर गिरे नागरिकों के आँसुओं से भींगे मार्ग में धूलि भी नहीं उड़ रही है। चारुदत्त इस विधि की विडम्बना पर सोचकर किंकर्त्तव्य-विमूढ़ थे। एक चाण्डाल ने कहा—चारुदत्त, आओ, यह घोषणा का स्थान है! दोनों ने घोषणा की—'यह सार्थवाह विनयदत्त का पौत्र, सागरदत्त का पुत्र आर्य चारुदत्त है। इसने धन के लोभ से पुष्पकरण्डक जीर्णोद्यान में वेश्या वसन्तसेना को बाहुपाश में जकड़कर बलात्कार पूर्वक मार डाला है और धनसहित पकड़ा गया है इसने स्वीकार भी कर लिया है। अतएव राजा पालक ने हमें मारने की आज्ञा दी है। यदि भविष्य में कोई ऐसा कुकृत्य करेगा तो उसे भी राजा इसी प्रकार घोर दण्ड देंगे। आर्य चारुदत्त ने अपने कुल की परम्परा और इस हठात् लादी गयी विपत्ति को सोचकर कान बन्द कर लिया। चाण्डालों ने पहले की भाँति नगर के बाहर ले जाते हुए कहा—गुणों का आकर, सज्जनों की विपत्ति का साथी अलंकारों के बिना भी अलंकृत यह चारुदत्त नगरी के बाहर ले जाया जा रहा है। नेपथ्य में हा तात! हा प्रिय मित्र! सुनकर आर्य चारुदत्त ने कहा—सम्मान्य चौधरियों, मैं आप लोगों से कुछ दान लेना चाहता हूँ। दोनों ने कहा—क्या चाण्डलों से भिक्षा माँगते हो। चारुदत्त ने कहा अमङ्गल दूर हो, तुम लोग जाति से ही चाण्डाल हो, अविचारी दुष्ट पालक की भाँति क्रूर कर्म से नहीं, अतः परलोक में शान्ति के लिए अपने पुत्र का मुँह देखना चाहता हूँ। दोनों ने कहा—अरे, नागरिकों थोड़ा अवकाश दे दो जिससे आर्य चारुदत्त अन्तिम समय में अपने पुत्र का मुँह देख सके। आर्य चारुदत्त भीड़ से बाहर आकर प्रिय मित्र मैत्रेय और अपने प्रिय पुत्र रोहसेन से मिले। चाण्डालों के बुलाने पर चले गये। चारुदत्त को अपने मरने का जितना कष्ट नहीं था उतना कष्ट इसका था कि उन पर वसन्तसेना को धन के लिए मार डालने का आरोप था। चाण्डाल ने चारुदत्त को मार डालने की पुनः घोषणा की। घोषणा सुनकर अट्टालिका में बँधा स्थावरक चेट चिल्लाया-चारुदत्त निरपराध मारे जा रहे हैं। मुझे शकार ने बाँध रखा है। मैंने रथ-परिवर्तन से वसन्तसेना को उस उद्यान में पहुँचाया था। मेरे स्वामी शकार ने उसके प्राण लिए चारुदत्त ने नहीं। मरने का भय छोड़कर चेट खिड़की से कूद पड़ा

उसकी बेड़ी टूट गयी। वह दौड़ता हुआ घोषणास्थल पर गया और सारा तथ्य सबके सामने कह दिया।। इतने में शकार चला आया। उसने चेट को बहकाना चाहा किन्तु चेट ने उसकी एक न सुनी। चारुदत्त और शकार दोनों के चरित्र से जनता परिचित थी। अतः जनता ने सत्य जान लिया किन्तु शकार के आतंक से कोई कुछ कह न सका। शकार चाण्डालों को शीघ्र मार डालने को कह रहा था। इतने में घबरायी हुई वसन्तसेना को लेकर भिक्षु आ रहा था। रास्ते में भीड़ देखकर दोनों ने पता लगाया तो ज्ञात हुआ कि चारुदत्त को फाँसी दी जायगी। दोनों दौड़े। उधर चाण्डाल अब शूली पर चढ़ाने जा रहे थे कि दोनों आ गये। वसन्तसेना को देखकर शकार भाग गया। चाण्डालों ने सोचा कि हमें वसन्तसेना के मारनेवाले को मारना है अतः शकार को ढूँढ़ने चले गये। चारुदत्त और वसन्तसेना ने मिलकर अपार हर्ष का अनुभव किया। वसन्तसेना ने भिक्षु का चारुदत्त से परिचय कराया। नेपथ्य में कोलाहल हुआ गोपाल पुत्र आर्यक की जय हो। शर्विलक आया और उसने बताया कि दुष्ट राजा पालक को मारकर उसके स्थान पर आर्यक को अभिषिक्त कर मैं आर्य चारुदत्त को छुड़ाता हूँ। शर्विलक ने अपना परिचय दिया कि मैंने ही सेंध लगाकर धरोहर का आभूषण चुराया था। यह सुनकर चारुदत्त ने कहा— मित्र ऐसा मत कहो। शर्विलक ने बताया कि आपके मित्र राजा आर्यक ने सिंहासन पर बैठते ही आपको वेणी के तीर पर कुशावती का राज्य दिया है, उसे स्वीकार करें। अपराध सिद्ध होने पर शकार पकड़कर लाया गया किन्तु उस मायावी ने चारुदत्त का चरण पकड़ लिया। उन्होंने उसको अभयदान दिया और कहा—अपराधकर्ता शरण मे आये शत्रु को शस्त्र से नहीं उपकार से मारना उचित है, अतः इसे छोड़ दिया जाय। उधर आर्या धूता रोकने पर भी चिता में जल जाने को तैयार थी किन्तु सहसा आर्य चारुदत्त और वसन्तसेना के चले आने पर रुक गयी। सब परस्पर सानन्द मिले। वसन्तसेना को वधूरूप में स्वीकार किया गया और भिक्षु को भूमण्डल के सभी बिहारों का कुलपति बनाया गया। स्थावरक चेट दासता से मुक्त हुए। चाण्डाल चाण्डालों के स्वामी बनाये गये। चन्दनक पृथ्वी का दण्डनायक बनाया गया। अन्त में सबों ने भरत-वाक्य से प्रार्थना की—गायें पर्याप्त दूध देनेवाली हों, पृथ्वी धन-धान्य से पूर्ण हो, मेघ उचित समय पर बरसें, समीर सुखद बहे, प्राणी प्रसन्न हों, ब्राह्मण सबके प्रिय हों, शत्रुओं के संहर्ता शक्ति-शोभा-सम्पन्न धर्मनिष्ठ राजा पृथ्वी का राज्य करें।

रत्नावली

सन् 606 ई0 के आस-पास कन्नौज और थानेश्वर में, जो कुरुक्षेत्र के नाम से प्रसिद्ध है, प्रभाकरवर्द्धन नाम के राजा राज्य करते थे। उनका राज्यविस्तार बढ़ रहा था। इनके राज्यवर्द्धन और हर्षवर्द्धन नाम के दो पुत्र थे। यों तो भारतीय वाङ्मय में हर्षवर्द्धन नाम के छह व्यक्ति मिलते हैं किन्तु रत्नावली एवं प्रियदर्शिका ये दो नाटिका तथा नागानन्द नाटक के लिखनेवाले श्री हर्ष कन्नौज एवं थानेश्वर के ही राजा थे। इन्होंने अपने पराक्रम से बहुत बड़े साम्राज्य की स्थापना की और अन्तिम हिन्दू-सम्राट् हुए। हर्षवर्द्धन स्वयं विद्वान् थे और इनकी राजसभा में बाणभट्ट, मयूर, मातङ्ग, दिवाकर, धावक आदि अनेक विद्वान् रहते थे।

अहो प्रभावो वाग्देव्याः यन्मातङ्गो दिवाकरः।
श्री हर्षस्याभवत्सभ्यः समो वाणमयूरयोः॥

हर्षचरित में बणभट्ट के साथ ही कुट्टिनीमत के रचयिता दामोदर एवं कवि जयदेव ने भी सम्राट् हर्षवर्द्धन को साहित्य का मर्मज्ञ विद्वान स्वीकार किया है। यद्यपि कुछ विद्वानों को आशंका है कि संभव है श्री हर्षवर्द्धन ने किसी विद्वान् से पुस्तकें लिखवा ली हों किन्तु यह आशंका निर्मूल है। श्री हर्ष ने संवत् 663 से 705 तक राज्य किया था। इनका शासन भारतीय जनता में इसलिए प्रिय था कि इन्होंने वैष्णव, शैव, बौद्ध, जैन आदि सभी धर्मों को समान आदर दिया। अपने जीवन के अन्तिम दिनों में ये बौद्धधर्म से अत्यधिक प्रभावित थे किन्तु अन्य धर्मों के प्रति आदर में कमी नहीं आयी।

रत्नावली को नाटिका इसलिए कहते हैं कि नाटिका के लिए कथा कल्पित होनी चाहिए। नायक राजा होना चाहिए। इसमें स्त्री पात्रों की प्रधानता और चार अंक होने चाहिए। दो नायिकाएँ हों जिनमें एक महारानी और दूसरी भी राजवंश की ही हो। स्वभाव से गम्भीर, मान न करनेवाली होनी चाहिए अन्तःपुर के संसर्ग से उसका राजा से सम्बन्ध हो जाय।

प्रथम अंक—मदन महोत्सव

कथावस्तु रंगमञ्च पर सूत्रधार आकर यह सूचित करता है कि वसन्तोत्सव के

अवसर पर सभी दिशाओं के अनेक प्रदेशों से आये हुए, सम्राट श्री हर्षदेव के चरण-कमल के आश्रित राजाओं के समूह ने बड़े आदर के साथ उसे बुलाकर कहा कि श्री हर्षदेव के द्वारा सचित्र नवीन कथावस्तु से अलंकृत रत्नावली नाटिका है, इस अवसर पर उसका अभिनय होना चाहिए यद्यपि यह रचना कर्ण परम्परा से सुनी गयी है किन्तु आज तक किसी ने उसे अभिनीत नहीं किया है। अतएव अभिनय आवश्यक एवं महत्वपूर्ण है। सूत्रधार ने नटी को बुलाकर जब अभिनय करने के लिए कहा तो नटी ने उत्तर दिया कि आप तो निश्चिन्त हैं किन्तु मुझे अपनी इकलौती लड़की के विवाह के सम्बन्ध में बराबर चिन्ता बनी रहती है और वह चिन्ता तब अधिक गम्भीर हो जाती है जब मैं यह सोचती हूँ कि उस लड़की का विवाह आपने किसी दूर देश के लड़के के साथ करने का निश्चय किया है। इस पर सूत्रधार ने कहा कि दूर रहनेवाले लड़के के साथ कैसे विवाह होगा, ऐसा सोचकर दुःख करना व्यर्थ है क्योंकि अनुकूल भाग्य दूसरे द्वीप से भी सागर के बीच से भी, दिशा के छोर से भी अभीप्सित व्यक्ति अथवा पदार्थ को शीघ्र लाकर मिला देता है। सूत्रधार के इस कथन में ही सिंहलद्वीप की रहनेवाली, समुद्र में डूब जानेवाली रत्नावली (सागरिका) मात्र भाग्य की अनुकूलता के कारण उदयन से आ मिलती है। इसका संकेत मिलता है। यह संकेत उदयन के महामन्त्री यौगन्धराण के कथन से स्पष्ट है। यौगन्धरायण कहता है 'इसमें क्या सन्देह? यह ऐसा ही है, दूसरे द्वीप से समुद्र के मध्य से आदि भाग्य की अनुकूलता ही पर्याप्त है। नहीं तो कहाँ सिद्ध महात्मा के वचन में विश्वास कर माँगी गयी, वहाँ से आते समय समुद्र में डूबी हुई सिंहल देश के राजा की पुत्री की काष्ठफलक प्राप्ति और कहाँ भला सिंह देश से लौटते हुये कौशाम्बी के व्यापारी के द्वारा उस दशा में फँसी हुई उस (रत्नावली) की रक्षा कर धैर्य धारण कराना और रत्नामाला के आधार पर उसको पहचान कर यहाँ ले आना सम्भव होता।' यौगन्धरायण ने सिंहलेश्वर की पुत्री रत्नावली को महारानी वासवदत्ता को समर्पित कर दिया। महाराज उदयन का वाभ्रव्य कञ्चुकी भी सिंहल के राजा के मन्त्री, वसुभूति के साथ किसी प्रकार समुद्र से निकलकर कोसल के राजा के विनाश के लिए गए हुए रुमण्वान् (उदयन के प्रधान सेनापति) से जाकर मिल गया है।

वसन्त ऋतु के सखा कामदेव के समान सुन्दर वत्सराज उदयन अपने नगर-निवासियों में मदनमहोत्सव के कारण बढ़े हुए उल्लास को देखने के लिए राजमहल पर विदूषक के साथ चढ़ गये। दोनों आपस में मदनमहोत्सव को देखकर बहुत प्रसन्न हो रहे थे। विदूषक इस उत्सव से इतना प्रभावित हो गया कि मदनत ला का अभिनय

करती हुई महारानी वासवदत्ता के सन्देश को लेकर आनेवाली मदनिका और चूतलतिका दोनों चेटियों के साथ मदनमहोत्सव को मनाने के लिए राजा से आज्ञा लेकर गया और परिहास में पराजित होकर लौट आया। दोनो चेटियों ने राजा के पास आकर कहा कि देवी का यह निवेदन है कि आज महारानी को मकरन्द नामक बाग में जाकर रक्ताशोक के नीचे स्थापित भगवान् कामदेव की पूजा करनी है। आर्यपुत्र को भी वहाँ उपस्थित होना चाहिए। राजा ने स्वीकार किया और विदूषक के साथ चल पड़े। मकरन्दोद्यान में पहुँचकर उसकी शोभा से अत्यधिक प्रभावित हुए। तदनन्तर वासवदत्ता, काञ्चनमाला (रानी की दासी), हाथ में पूजा की सामग्री लिए हुए सागरिका रत्नावली) तथा अन्य परिजन भी उक्त उद्यान में आये। काञ्चनमाला ने कहा—'देवी, यही वह रक्ताशोक वृक्ष है जहाँ आप पूजा करेंगी।' रानी ने पूज़ा-सामग्री माँगी। इस पर सागरिका ने पास जाकर कहा— यह सब तैयार है।'। रानी ने सागरिका को देखते ही झुँझला कर सोचा—'सेविकाओं की लापरवाही आश्चर्यजनक है। जिसकी ही आँखों से सागरिका प्रयत्नपूर्वक बचाई जा रही है उसी की आँखों के सामने पड़ जायगी। उसने सागरिका से कहा—'सभी नौकर-चाकर मदनमहोत्सव में व्यस्त हैं। और तुम भी सारिका को छोड़कर यहाँ चली आई यह ठीक नहीं। अत; तुम अतिशीघ्र चली जाओ और पूजा की सामग्री काञ्चनमाला को दे दो।' सागरिका ने आज्ञा तो मान ली किन्तु उसके मन में यह उत्कण्ठा बनी रही कि जिस प्रकार भगवान् कामदेव की पूजा उसके पिता के अन्तःपुर में होती है उसी प्रकार यहाँ भी होती है या दूसरी प्रकार से। इस उत्कंठा को शान्त करने के लिए उसने छिपकर देखने का निश्चय किया। राजा विदूषक के साथ रानी के पास आये। सद्यःस्नातः और बहुमूल्य वस्त्राभूषणों में सजी हुई रानी को देखकर राजा बहुत आनन्दित हुये और कहा—'प्रिये इस कामदेव को आज निश्चय ही अपने शरीर का अभाव खटकेगा क्योंकि इसे अफसोस यह होगा कि तुम्हारे हाथ के स्पर्श का आनन्द इसे नहीं प्राप्त हुआ'। कामदेव की पूजा हो जाने के बाद काञ्चनमाला ने कहा—'देवि अब स्वयं महाराज की पूजा कीजिए'। वासवदत्ता फूलों और विलेपनों से महाराज उदयन की पूजा करती है। सागरिका छिपकर कामदेव की पूजा के लिए फूल चुनती है। देर समझकर सिन्धुवार वृक्ष की ओट में छिपकर देखने लगी। देखकर उसे आश्चर्य यह हुआ कि मेरे पिता के अन्तःपुर में तो चित्र में बने कामदेव की पूजा की जाती है, किन्तु हाँ सम्भवतः स्वयं भगवान कामदेव ही प्रत्यक्ष पूजा स्वीकार कर रहे हैं, अतः मुझे भी यहीं से इन चुने हुए फूलों द्वारा भगवान् की पूजा करनी चाहिए ऐसा निश्चय कर फूलों को फेंककर प्रणाम किया। और यह वर माँगा कि आपका दर्शन सफल हो। मुझे जो देखना था, देख

लिया। कोई मुझे देख न ले, इस भय से वहाँ से हट गई। उधर वासवदत्ता ने विदूषक से स्वस्तिवाचन कराया। इसी बीच वैतालिक द्वारा राजा उदयन और चन्द्रमा के शिलष्टात्मक वर्णन को सुनकर सागरिका यह समझकर कि यही राजा उदयन हैं, प्रसन्नता से प्रफुल्लित हो गई और राजा को, यह सोचकर कि इन्हीं के साथ विवाह करने के लिए पिताजी के द्वारा यौगन्धराण को मैं समर्पित की गयी थी, सतृष्ण दृष्टि से देखती हुई अपने को धन्य माना।

राजा ने देवी से महल के भीतर चलने को कहा। यह सुनकर सागरिका को कष्ट हुआ कि वह उदयन को भली-भाँति देख न सकी।

द्वितीय अंक–कदली-गृह

सारिका के पिंजड़े को हाथ में लिए सागरिका की खोज में परेशान सुसंगता निपुणिका से मिली, निपुणिका स्वयं कुछ उन्मनी थी, क्योंकि महारानी ने उसे इस समाचार की जानकारी के लिए भेजा था कि महाराज उदयन श्रीपर्वत से आये हुए श्रीखण्डदास नाम धार्मिक से बेमौसम फूल उत्पन्न करने का दोहा सीखकर अपनाई हुई नवमालिका को फूलों से सजायेंगे। सुसंगता के सम्बोधित करने पर निपुणिका ने अपना हाल बताकर, वह किसे खोज रही है, इसे जानना चाहा। सुसंगता ने कहा—मैं सागरिका को खोज रही हूँ। निपुणिका ने बताया कि सागरिका रंगों की पेटी, चित्रपट एवं तूलिका लिए कदली वन में जा रही थी। सुसंगता कदली वन में गयी और देखा कि सागरिका तल्लीन होकर कुछ अंकित कर रही है। उसकी निगाह बचाकर सुसंगता ने देखा कि सागरिका ने महाराज का चित्र बनाया है। सुसंगता सहसा बोल उठी—'वाह! सागरिके! वाह। राजहंसी भला कमलवन को छोड़कर अन्यत्र कहाँ रमण कर सकेगी? सागरिका क्षेंप गई। सुसंगता ने उसके उत्कट प्रेम को समझ लिया और बलात् चित्रपट को खींचकर देखकर पूछा कि ये 'कौन चित्रित हैं?' सागरिका ने लज्जा के साथ उत्तर दिया—'सखि! मदनमहोत्सव में भगवान् कामदेव।' सुसंगता मुस्कराई और कहा—'ठहरो मैं इनके साथ रति को भी चित्रित किये देती हूँ'। सागरिका रति के नाम पर अपने को चित्रित देखकर झुँझलाई। बहुत पूछने पर उसने अपने हृदय की सारी बातें सुसंगता से कहीं और किसी दूसरे से न कहने के लिए अनुरोध किया। सुसंगता ने कहा—मैं तो नहीं कहूँगी किन्तु अत्यन्त तीक्ष्ण बुद्धिवाली यह सारिका हम दोनों की बातों को सम्भवतः किसी के सामने प्रकट कर दे'। सागरिका की विरह-वेदना बढ़ गयी और सुसंगता ने यथामति उपचार किया। सागरिका को यही खटक रही थी कि उसका

प्रेम भारी संकटों से घिरा हुआ है क्योंकि एक तो दुर्लभ व्यक्ति के साथ प्रेम, दूसरे उसकी लज्जा, तीसरे वह वासवदत्ता की नौकरानी के रूप में अधीन थी। इसी बीच नेपथ्य से बँधे हुए बन्दर के छूटकर अन्तःपुर में प्रवेश करने के कारण लोगों में मची भगदड़ का कोलाहल सुनायी पड़ा। सुसंगता ने सागरिका का हाथ पकड़कर कहा—सखि! उठो, उठो। यह दुष्ट बानर तो इधर ही आ रहा है। दोनों उठकर तमालवृक्षों के अन्धकार में अलक्षित हो गयीं। बन्दर आया, पिंजड़े में रखे हुए दहीभात की लालच से पिंजड़े को खोलकर भाग गया। अवसर पाकर सारिका पिंजड़े से उड़ गयी और जाकर मौलश्री के पेड़ पर बैठ गयी। सुसंगता और सागरिका के बीच हुई वार्ता को उसी रूप में दुहराने लगी। इसी बीच राजा द्वारा विकसित की गयी नवमालिका को देखने के लिए राजा और विदूषक उधर से ही निकले। राजा और विदूषक दोनों ने सारिका की प्रायः पूरी बातें सुन लीं, किन्तु विदूषक के हँस देने के कारण सारिका उड़ गयी। राजा ने विदूषक को डाँटा। और कहा तुम्हारी मूर्खता से सारिका उड़ गयी। विदूषक ने कहा—'महाराज वह उड़कर कदली वन की ओर गयी है, आइये उधर ही चले।' कदली वन जाकर और सारिका को न पाकर शीतल शिलातल पर बैठकर दोनों विश्राम करने लगे। बैठे-बैठे विदूषक ने बगल में एक खुले द्वारवाला पिंजरा देखा और निश्चय कर लिया कि यह उसी सारिका वाला पिंजरा है। उठकर गया और पिंजरे के पास ही एक चित्रपट भी देखा। साश्चर्य चित्रपट उठाकर यह देखकर बहुत प्रसन्न हुआ कि उसमें राजा उदयन ही चित्रित हैं। राजा को बताया। राजा ने भी आश्चर्य से उस चित्रपट को देखा। दोनों ने राजा के चित्र के साथ ही एक सुन्दरी कन्या का चित्रित चित्र भी देखकर विशेष आनन्द का अनुभव किया। इतने में सुसंगता ने कहा—'सखि, यदि सारिका न पकड़ी जा सकी तो मैं कदली वन से चित्रपट ही लेती आऊँ। दोनों उधर जाने के लिए घूमीं। दोनों ने राजा और विदूषक के बीच हुए वार्तालाप को तथा चित्र की प्रशंसा तथा सागरिका के विरहवेदना की अवस्था में पड़ जाने पर सुसंगता द्वारा किये गये उपचारों की सामग्रियों—मृणालपत्र, मृणालहार आदि की भावनापूर्ण व्याख्या को सुना। राजा को पूर्णतः अनुरक्त समझकर सुसंगता ने सागरिका से कहा—'सखि, जिसके लिए तुम यहाँ आयी हो वह यहाँ सामने विराजमान है।' लज्जा और कृत्रिम कोप के साथ सागरिका ने कहा—'किसके लिए मैं यहाँ आयी हूँ।' सुसंगता ने बदलकर कहा—'चित्रपट के लिए। सागरिका ने कहा—तो इसे ले लो। सुसंगता चित्र लेने के लिए बढ़ी कि विदूषक ने उसे देख लिया और कहा—'मित्र, यह महारानी की सेविका सुसंगता है, अतः चित्रपट को ढँक दें।' राजा ने पूछा—'सुसंगते, तुमने हम लोगों की उपस्थिति कैसे जान

ली?' उसने कहा—'महाराज, न केवल आपको ही प्रत्युत चित्रफलक के साथ सम्पूर्ण वृत्तान्त को ही मैंने जान लिया है। मैं जाकर महारानी से कहूँगी।' विदूषक ने कुछ अपशब्द कहकर कहा—'महाराज! यह सुसंगता बड़ी चालाक है। अतः इसे पुरस्कार देकर सन्तुष्ट कीजिये।' महाराज ने कर्णभूषण उतारकर दिया किन्तु सुसंगता ने मुस्कराकर कहा—'स्वामिन्, शंका न करें, मैंने भी खेल ही किया है।' आपकी कृपा बनी रहे, यही चाहती हूं। एक अनुनय है जिसे आप पूरा करें। मेरी प्रिय सखी सागरिका यहीं है और मुझसे इसलिए नाराज है कि मैंने इस चित्रफलक में महाराज के चित्र के साथ उसका चित्र क्यों बना दिया। अतः कृपा कर चलें और उसे प्रसन्न कर दें। राजा उसके कहे अनुसार जाकर और सागरिका को देखकर आश्चर्य में पड़ गये तथा कहा कि ऐसा मनोहर रूप इसके पूर्व कभी नहीं देखा गया। इसे बनाकर ब्रह्मा स्वयं आश्चर्य में पड़ गये होंगे। सागरिका संकोच में गड़ी जा रही थी। इतने में सुसंगता ने हाथ पकड़ कर मनाने को कहा। राजा मना ही रहे थे कि विदूषक के मुँह से यह निकल गया कि यह तो महारानी वासवदत्ता हैं। सब लोग यह समझ गये कि वासवदत्ता आ गयीं। राजा अलग हो गये और सागरिका तथा सुसंगता दोनों तमाल वृक्षों की ओट में निकल गये। उधर काञ्चनमाला के साथ वासवदत्ता राजा के द्वारा अपनायी गयी नवमालिका को देखने के लिए निकल आयीं और राजा को देखा। राजा ने भी उसे देखकर विदूषक से चित्रपट को ढँक लेने के लिए कहा। वासवदत्ता ने राजा की मुखाकृति देखकर भाँप लिया कि सम्भवतः नवमालिका पर फूल आ गये हैं अतएव राजा के मुख पर लालिमा छायी हुई है। वासवदत्ता ने अपने इस आशय को ज्योंही व्यक्त किया, विदूषक यह समझ कर कि वासवदत्ता ठग ली गयी प्रसन्न होकर नाचने लगा। इसी बीच उसकी काँख से छिपा हुआ चित्रफलक नीचे गिर गया। काञ्चनमाला ने चित्रफलक उठा लिया और महारानी को दिखाया। वासवदत्ता को समझने में देर न लगी कि इस चित्रफलक में आर्यपुत्र सागरिका के साथ चित्रित हैं। वासवदत्ता के यह पूछने पर कि 'आर्यपुत्र, यह किसके द्वारा चित्र बनाया गया है? राजा द्विविधा में पड़ गये। बीच में ही विदूषक ने कहा—'चित्रकला का चातुर्य दिखलाने के लिए महाराज ने स्वयं अपना चित्र बनाया है।' वासवदत्ता ने यह पूछा कि 'यह कन्या कौन है।' राजा ने कहा यह कल्पना प्रसूत है। राजा ने भी विदूषक की बात में हामी भरी और विदूषक ने तो जनेऊ की शपथ लेकर यह सिद्ध करना चाहा कि ऐसी लड़की लोगों ने पहले कभी देखी ही नहीं। वासवदत्ता कुपित हो गयी। राजा ने प्रसन्न करना चाहा किन्तु वासवदत्ता शिरव्यथा के बहाने वहाँ से चल दी।

तृतीय अंक—संकेत

काञ्चनमाला को खोजती हुई मदनिका आयी और काञ्चनमाला को अत्यन्त प्रसन्न देखकर पूछा—"काञ्चनमाले', क्या कह रही थी कि वसन्तक ने यौगन्धरायण को मात कर दिया है?' काञ्चनमाला ने कहा—'सखि मदनिके, यदि बात छिपा सको तो मैं कहूं।' उसने कहा, 'कहो।' कांचनमाला ने बताया। वसन्तक के यह कहने पर कि 'सुसंगते, सागरिका के विरह में महाराज की दशा चिन्तीय है कुछ उपाय करो'। सुसंगता ने कहा—'चित्रफलक के वृत्तान्त से शंकित महारानी ने सागरिका को मेरे हाथ में सौंप दिया है और मुझे जो वस्त्र दिया है उसी से सागरिका को वासवदत्ता तथा स्वयं कांचनमाला का वेष बनाकर सायंकाल माधवीलता मण्डप में हम लोग आवें, वहीं महाराजऔर सागरिका की भेंट करा दी जाय। आज (वसन्तक) भी वहाँ उपस्थित रहें राजा अहर्निश सागरिका के विरह में कामवेदना से पीड़ित कभी कामदेव को कोसते हैं और कभी कुपित महारानी द्वारा नियन्त्रित सागरिका के सम्बन्ध में सोचते रहते हैं, इतने में अत्यन्त प्रसन्न मन विदूषक वहाँ पर आया। उसने राजा को बताया कि सायंकाल सागरिका वासवदत्ता के रूप में तुमसे मिलेगी। दोनों प्रतीक्षा करने और सायंकालीन प्रकृति का निरीक्षण करने लगे। इतने में कांचनमाला के साथ वासवदत्ता आयी और विदूषक वासवदत्ता के रूप में सागरिका समझकर चुटकी बजाने लगा उसने कहा—'श्रीमती सागरिके! इधर आइये। जल्दी कीजिये। चन्द्रोदय हो रहा है।' विदूषक के सूचना देने पर राजा आये और कहा—'प्रिये सागरिके, तुम बहुत भली लग रही हो। तुम्हारा मुँह चन्द्रमा, आँखें नीलकमल, हाथ रक्तकमल, दोनों जाँघे कदली के मध्य भाग और भुजायें मृणाल के समान हैं। प्रसन्न होकर निःशंक मेरा आलिंग करो।' राजा की बातें सुनकर वासवदत्ता के क्रोध की सीमा न रही। उसने क्रोध के साथ घूँघट हटाकर कहा—'आर्यपुत्र! सचमुच ही मैं सागरिका हूँ।' राजा आश्चर्य और लज्जा में पड़ गये और वासवदत्ता को प्रसन्न करने में लग गये। उसके पैरों पर गिरकर निवेदन करने लगे। कांचनमाला ने भी महारानी को समझाया किन्तु वासवदत्ता का क्रोध घटने के बदले बढ़ता ही गया और वह वहाँ से चल दी। राजा को बहुत दुःख हुआ कि रानी बिना प्रसन्न हुए चली गयीं। इतने में ही वासवदत्ता का वेष बनाकर सागरिका आ गयी। सागरिका के मन में भावनाओं का सागर उमड़ रहा था। इस विवशता की स्थिति से मुक्ति पाने के लिए उसने सोचा, अपने आपको बाँधकर मर जाना अच्छा है। उसने अशोक वृक्ष के पास जाकर फाँसी लगाकर मर जाने का निश्चय किया। विदूषक को पद-

चाप सुनायी पड़ा। उसने राजा को रुकने का संकेत किया और दोनों ने यह निश्चय किया कि सम्भवतः यह वासवदत्ता ही अपने प्राणों को छोड़ने का उपक्रम कर रही है। दोनों गये और उससे दुस्साहस छोड़ने को कहा। सागरिका ने राजा को देखकर प्रसन्नता का अनुभव किया। राजा ने भी सागरिका को पहचान लिया और गले के फन्दे को खींचकर फेंक दिया। राजा ने सागरिका की बाहों को खींचकर गले में डाल लिया और कहा—'मित्र यह बिना बादलों की बरसात है।' उधर क्रोध से चली गयी वासवदत्ता के मन में यह कौंध रहा था कि महाराज को उस स्थिति में छोड़कर मैं चली आयी यह अच्छा नहीं हुआ। कांचनमाला के साथ लौट आयी। कांचनमाला ने राजा और सागरिका के बीच चलते वार्तालाप को सुना और वासवदत्ता को बताया। वासवदत्ता ने सोचा, 'छिपकर पीछे से जाकर देखूँ।' उसने देखा राजा सागरिका के अनुनय-विनय में लगे हैं।' इसी प्रसंग में राजा ने यहाँ तक कह दिया कि मेंने वैसे ही वासवदत्ता को प्रसन्न करन्रे के लिए चाटुकारिता की थी तथा जन्मजात कुलीनता के कारण ही वह चाटुकारिता थी। किन्तु वास्तव में प्रेम का दृढ़ सम्बन्ध तो तुम्हारे ऊपर है। वासवदत्ता ने यह सब सुन लिया और क्रुद्ध होकर एकाएक पास जाकर कहा—'आर्यपुत्र ठीक है, अनुरूप है।' वासवदत्ता को देखकर राजा असमंजस में पड़ गये। क्या करें क्या न करें। राजा ने यह निश्चय किया कि अब बिना महारानी को प्रसन्न किये दूसरी गति नहीं है। विदूषक ने वासवदत्ता को कुछ समझाना चाहा किन्तु कोप के साथ उसने कहा—कांचनमाले, इसी लतापाश से इस ब्राह्मण को पकड़ लो और इस उद्दण्ड लड़की को भी आगे-आगे ले चलो।' अन्त में राजा भी महारानी को प्रसन्न करने के लिए महल के भीतर ही चले गये।

चतुर्थ अंक—इन्द्रजालिक

रत्नमाला को हाथ में लिए हुए अश्रुपूर्ण नेत्रों से करुणाभरी लम्बी श्वाँस लेती हुई सुसंगता आयी। उधर ही से प्रसन्नता व्यक्त करते हुए कि 'रानी ने मुझे कृपाकर छोड़ दिया है', विदूषक भी आया। सुसंगता ने कहा, 'भला हुआ कि तुम मिल गये। सागरिका ने यह रत्नमाला तुम्हें देने के लिए दी है। इसे ले लो।' विदूषक ने पूछा 'क्यों, सागरिका अच्छी तो है?' सुसंगता ने कहा—'यही उज्जयिनी भेजी जा रही है, आधी रात को उसे कहीं, लुप्त कर दिया। जाते समय सागरिका ने यह रत्नमाला तुम्हें देने को कहा था।' विदूषक ने यह सोचकर उस रत्नमाला को स्वीकार किया कि सागरिका के विरह से दुखी राजा को इससे बहलाऊँगा। उसने रत्नमाला के आधार पर यह निश्चय किया कि वह महान् कुलीन वंश में उत्पन्न हुई होगी। राजा बैठे-बैठे सोच रहे थे कि

वासवदत्ता के प्रसन्न हो जाने पर, केवल सागरिका विषयक चिन्ता ही मुझे व्यथित कर रही हैं विदूषक आकर राजा से मिला। राजा उसे देखकर बहुत प्रसन्न हुए। राजा के यह पूछने पर कि सागरिका का क्या समाचार है, विदूषक लज्जावनत मुख मोड़कर बैठा रहा। आग्रह करने पर अप्रिय निवेदन करने में उसने असमर्थता व्यक्त की। राजा घबड़ाये। इस पर विदूषक ने समझा कि दुःखी होने की बात नहीं। बात इतनी ही है कि सागरिका को महारानी ने सम्भवतः उज्जयिनी भेज दिया है। सागरिका ने इसी कारण यह रत्नमाला मेरे पास भेज दी है। अतः यह रत्नमाला लीजिए और इसे ही तब तक सान्त्वना का आधार मानिए। राजा ने विदूषक को रत्नमाला दे दी और उसे पहनने को कहा जिससे उसे देखकर राजा कुछ धैर्य धारण किये रहे। इतने में वसुन्धरा (प्रतिहारी) ने आकर रुमण्वान् के भांजे विजयवर्मन के आने की सूचना दी और आज्ञा पाकर उसे ले आयी। विजयवर्मन ने रुमण्वान् की विजय की सूचना दी। कोसलाधिपति को जीत लेने वाले अपने प्रधान सेनापति रुमण्वान् के प्रति राजा बहुत स्निग्ध हो उठे और वसुन्धरा से महामन्त्री यौगन्धरायण से कहकर विजयवर्मा को उचित आदर और पुरस्कार देने को कहा। इतने में कांचनमाला आई। राजा से निवेदन किया कि 'महाराज! महारानी का निवेदन है कि उज्जयिनी से सर्वसिद्धि नाम का ऐन्द्रजालिक आया है। आर्यपुत्र उसका जादू देखने की कृपा करें। आज्ञा पाकर कांचनमाला ने ऐन्द्रजालिक का प्रवेश कराया। ऐन्द्रजालिक ने महाराज को नमस्कार कर कहा—'महाराज, क्या मैं पृथ्वी पर चन्द्रमा को उतार दूँ? क्या आकाश में पर्वत, जल में आग, दोपहर समय गोधूलि कर दूँ अथवा आपकी जो अभिलाषा हो, मन्त्र के प्रभाव से मैं वह सब दिखला सकता हूँ।' राजा ने कहा—'जरा रुको' और कांचनमाला से कहा—महारानी को ले आओ। कांचनमाला महारानी को बुला लायी। राजा ने प्रारम्भ करने के लिए कहा। ऐन्द्रजालिक ने आकाश में विष्णु, शंकर, ब्रह्मा, इन्द्र को तथा सिद्धों, चारणों, देवों की स्त्रियों को नाचते हुए दिखाया। सब लोग आश्चर्य में पड़ गये। विदूषक ने प्रस्ताव किया कि यदि तुम्हारा इन्द्रजाल सत्य है तो सागरिका को दिखाओ। इसी बीच वसुन्धरा आई और बोली—'महाराज! महामन्त्री यौगन्धराण का निवेदन है कि यह सिंहलराज विक्रमबाहु का प्रधान मंत्री वसुभूति कंचुकी बाभ्रव्य के साथ आया है। इसे इसी समय दर्शन देने की कृपा करें। मैं भी आ ही रहा हूँ। वासवदत्ता ने कहा—'आर्यपुत्र, इन्द्रजाल समाप्त किया जाय और माता के घर से आये प्रधानमन्त्री वसूभूति से मिल लिया जाय।' महाराज ने ऐन्द्रजालिक को आराम करने की आज्ञा दी। ऐन्द्रजालिक मोरपंखी घुमाते हुए चला और कहा—महाराज! मेरा एक और खेल अवश्य देखें।'

राजा ने कहा—'अच्छा।' राजा ने वसन्तक को, अगवानी करके वसुभूति को अन्दर लाने की आज्ञा दी। वसुभूति बाभ्रव्य के साथ आये और वत्सराज उदयन का ऐश्वर्य देखकर आश्चर्य-चकित हुए तथा अपने को ग्रामीण जैसा मान बैठे। वसुभूति ने रास्ते में ही विदूषक के गले में रत्नमाला देखकर बाभ्रव्य से उस रत्नमाला के होने का सन्देह व्यक्त किया जिसे सिंहलराज ने राजपुत्री सागरिका (रत्नावली) को चलते समय दी थी किन्तु बाभ्रव्य ने यह कहकर उसे टाल दिया कि महान् राजकुल में मणियों की भरमार होने के कारण आभूषणों में समानता का होना असम्भव नहीं है। दोनों राजा के यहाँ पहुँच गये। यथायोग्य अभिवादन हुआ। कुशल-मंगल की बातें हुई। राजा ने सिंहलराज के कुशल के सम्बन्ध में पूछा। वसुभूति विह्वल हो गये, कुछ कह न सके किन्तु बहुत सोचकर आँखों में आँसू भरकर बसुभूति ने कहना प्रारम्भ किया—महाराज, चिरञ्जीविनी वासवदत्ता लावणक ग्राम में जल गई, ऐसा सुनकर सिंहलराज ने अपनी पुत्री, रत्नावली (सागरिका) को जिसे आप लोगों ने माँगा था, आपके लिए भेजा। राजा आश्चर्य में पड़ गये कि क्या महारानी वासवदत्ता के मामा के मन्त्री सत्य कह रहे हैं? वसुभति ने आगे बताया कि वह रत्नावली आपके पास लायी जा रही थी किन्तु समुद्र में जहाज के टूट जाने से डूब गयी'। वासवदत्ता सुनकर घबड़ा गयी। राजा ने धैर्य धराया और कहा—'कि ये वसुभूति और बाभ्रव्य ही इसके प्रमाण हैं कि रत्नावली भी जीवित हो सकती है।' इतने में ही नेपथ्य में अन्तःपुर में भयंकर आग लग जाने के कारण उत्पन्न कोलाहल सुनायी दिया। राजा अन्तःपुर में आग लगना सुनकर इतने घबड़ा गये कि उन्हें वासवदत्ता के जल जाने का भ्रम हो गया और 'हा प्रिये, वासवदत्ते!' ऐसा बोल उठे। वासवदत्ता ने कहा—'आर्यपुत्र'! बचाइए, बचाइए। वासवदता के बोलने पर महाराज को अपना भ्रम ज्ञात हुआ। अब वे समझ गये कि वासवदत्ता सुरक्षित है, किन्तु वासवदत्ता ने कहा—'महाराज, मैंने अपने को बचाने की बात नहीं कही, प्रत्युत मुझे निर्दयिनी के द्वारा बेड़ी में जकड़ी गयी उस सागरिका को जो इस आग में जल रही होगी, रक्षा की बात कही थी। यह सुनकर राजा उस आग की भयंकरता की परवाह किये बिना ही लोगों के मना करने पर भी उस ओर आग में घुस गये; वे कहने लगे—'अग्निदेव ! रुको। प्राणप्यारी सागरिका जो प्रलयकालीन अग्नि की तरह धधकनेवाली विरह की आग से नहीं जल सकी, उसे जलाने का व्यर्थ प्रयत्न क्यों करते हो'। वासवदत्ता ने सोचा मेरे कहने पर आर्यपुत्र आग में प्रवेश कर गये तो मैं भी आर्यपुत्र का अनुसरण करूँगी। विदूषक बसुभूति वाभ्रव्य सभी तैयार हो गये। सबने प्रवेश कर देखा सागरिका आग की लपटों में यह सोचकर प्रसन्न हो रही है कि आज अग्निदेव मेरे दुःखों का अन्त कर देंगे। राजा

ने सागरिका को पुकारा और कहा—'मेरे पास आ जाओ', किन्तु सागरिका बेड़ी से जकड़ी होने के कारण लड़खड़ा रही थी। राजा ने गला पकड़कर लटक जाने को कहा। सागरिका ने राजा का गला पकड़ा और राजा ने आनन्द-विभोर हो आँखें बन्द कर लीं। जब आँखें खोली तो न कहीं आग थी, न कहीं अन्तःपुर का कुछ बिगड़ा था। राजा सबको देख रहे थे। राजा के शरीर को वासवदत्ता ने प्रसन्नतापूर्वक सहलाया। वाभ्रव्य, वसुभूति, विदूषक सभी एक स्वर से राजा की जय-जयकार मनाने लगे। राजा को आश्चर्य हुआ कि—'क्या मैं स्वप्न देख रहा हूँ, या यह इन्द्रजाल है'। विदूषक ने कहा—'महाराज उस दासीपुत्र जादूगर ने कहा था कि—'महाराज! मेरा एक खेल अवश्य देखेंगे। यह वही है।' राजा ने वासवदत्ता से कहा—'महारानी, तुम्हारे कहने से यहाँ सागरिका लायी गयी'। वाववदत्ता ने कहा—'मैं समझ गयी'। वसुभूति और बाभ्रव्य दोनों सागरिका पर रत्नावली होने का सन्देह करने लगे। वसुभूति ने राजा से पूछा—'महाराज! यह लड़की कहाँ से आयी है?' राजा ने कहा—'महारानी जानती हैं।' वासवदत्ता ने बताया—'मन्त्रिप्रवर! अमात्य यौगन्धरायण के द्वारा यह ज्ञात होने पर कि यह सागर से मिली है' मेरे हाथ में धरोहर रखी गयी थी और इसीलिए यह सागरिका कही जाती है।' वसुभूति ने सागरिका से पूछा—'चिरञ्जीविनी, तुम राजकुमारी रत्नावली ही तो नहीं हो'। सागरिका ने आँखों में आँसू भरकर कहा—'क्या अमात्य वसुभूति हैं'? वसुभूति दुखी होकर भूमि पर गिर गये। सागरिका भी 'हा पिताजी, माताजी कहाँ हो'? आदि कहती हुई मूर्च्छित होकर गिर गयी। वासवदत्ता ने भी रत्नावली को पहचान लिया। राजा को भी यह ज्ञात हो गया कि यह सिंहलाधिपति विक्रमबाहु की लड़की है। वसुभूति सँभले और रत्नावली को आश्वस्त किया। सागरिका वासवदत्ता से शर्माने लगी। वासवदत्ता ने उसे अपनी बाँहों में ले लिया। इतने में यौगन्धराण आये और यह सोचकर कि 'मेरे कहने से महारानी ने पति का वियोग स्वीकार किया, मैंने महाराज की दूसरी स्त्री से सम्बन्ध कराकर उन्हें दुःख में डाल दिया तो भी उदयन का यह चक्रवर्तित्वलाभ महारानी को भी आनन्दित करेगा' किन्तु फिर भी लज्जा के कारण महारानी को अपना मुँह दिखलाने में संकोच कर रहे थे। राजा ने यौगन्धरायण से पूछा मुझे बिना बताये यह क्या हुआ? यौगन्धरायण ने निवेदन किया–'महाराज! एक सिद्ध महात्मा ने बताया है कि सिंहलेश्वर की पुत्री रत्नावली से जो विवाह करेगा वह चक्रवर्ती राजा होगा। इस सिद्धवचन में विश्वास करके मैंने सिंहलेश्वर से प्रार्थना की, किन्तु सफल न होने पर महारानी वासवदत्ता से आदेश लेकर लावाणक नगर में महारानी के जल जाने का प्रवाद फैलाकर सिंहलेश्वर के पास ब्राभव्य को भेजा और समुद्र में डूब जाने

के बाद भी रत्नावली के बच जाने पर, मैंने यह सोचकर अन्तःपुर में उसका नाम बदलकर रखा कि महाराज के साथ विवाह सम्पन्न कराने में सुविधा हो सके।'

राजा ने पूछा—'जादूगर की घटना भी तुम्हारा ही कार्य है'? यौगन्धरायण ने कहा—महाराज क्षमा करें, मेरा ही कार्य है। अब स्वयं महारानी जी कर्तव्य और अकर्तव्य के प्रति प्रमाण है। वासवदत्ता ने मुस्करा कर कहा—'आओ रत्नावली, आओ। इतना भी तो आचरण बहिन के अनुरूप कर दूँ। आर्यपुत्र! इसे ग्रहण कीजिए। राजा ने प्रसन्न होकर कहा—महारानी का प्रसाद स्वीकृत है'। वासवदत्ता ने निवेदन किया—'महाराज! इसका पितृगृह दूर है। आप ऐसा स्नेह दें जिससे यह अपने भाई-बन्धुओं की याद न करे। वसुभूति, विदूषक, बाभ्रव्य, यौगन्धरायण सभी अपनी सफलता पर प्रसन्न हो गये। भरतवाक्य—

उर्वीमुद्दामसरया जनयतु विसृजन् वासवो वृष्टिमिष्टा।
मिष्टैस्त्रैविष्टपानां विदधु विधिवत्प्रीणनं विप्रमुख्या।
आकल्पान्तं च भूयात्ससुपचित सुखः सङ्गमः सज्जनानाम्।
निःशेषं यान्तु शान्तिं पिशुनजनगिरो दुर्जया वज्रलेपाः॥

मनोनुकूल वर्षा करता हुआ इन्द्र पृथ्वी को प्रचुर अन्न वाली बनावें। श्रेष्ठ ब्राह्मण यज्ञों के द्वारा देवताओं को तृप्त करें। सुख की वृद्धि करने वाला सज्जनों का संगम कल्पान्त तक होता रहे। वज्र के लेप के समान दुर्जय खलजनों की वाणी सम्पूर्ण रूप से शान्त हो जाय।

वेणीसंहारम्

वेणीसंहार नामक नाटक के रचयिता महानारायण हैं। इनकी दो उपाधियाँ हैं—एक महानारायण तथा दूसरा मृगराज। उपाधियों के आधार पर इन्हें कुछ लोग ब्राह्मण कहते हैं जबकि मृगराज की उपाधि के आधार पर कुछ लोग इन्हें क्षत्रिय कहते हैं। टैगोर कुल की परम्परा के अनुसार ऐसा ज्ञात है कि बंगदेश के एकादश राजाओं के वंश-संस्थापक आदिशूर ने कान्यकुब्ज से पाँच ब्राह्मण बुलवाये थे। उनमें एक भट्टनारायण भी थे। बंगाल के जिस राजा के आश्रय में भट्टनारायण थे; उनका शासन काल 750 ई0 के पूर्व था क्योंकि 750 के बाद ही वहाँ पाल वंश स्थापित हुआ था। आदिशूर के विषय में इतिहासकारों ने ऐसा माना है कि यह मगध के गुप्त राजाओं का वंशज था और यह मगध के माधव गुप्त का पुत्र आदित्यसेन ही था जिसने कान्यकुब्ज को स्वतंत्र किया था। यह आदिशूर आदित्यसेन 671 ई0 में जीवित था, अतः भट्टनारायण का भी प्रायः यही समय हो सकता है। इतना सुनिश्चित है कि भट्टनारायण 800 ई0 के पूर्व ही हुए क्योंकि मम्मट (1100 ई0), धनञ्जय (1000 ई0), आनन्दवर्धन (850 ई0) और बामन (800) ने अपने अपने ग्रन्थों में वेणीसंहार से उद्धरण दिये हैं।

इनका वेणीसंहारम् नाटक छह अंकों का है। इसका कथानक महाभारत से लिया गया है, किन्तु नाटकीयता की दृष्टि से उसमें यथेष्ट परिवर्तन किया गया है। इस नाटक में भीम की उस प्रतिज्ञा का वर्णन है जिसमें भीम ने कहा था कि दुःशासन का रक्तपान कर तथा दुर्योधन को मारकर उसमें रक्त-रंजित हाथों से द्रौपदी की वेणी बाँधूँगा, नाटक में वर्णन का इतना अधिक विस्तार है कि रंगमच पर इन सबका प्रयोग प्रेक्षकों को रोचक नहीं हो सकता। कहीं-कहीं इसके दृश्य अत्यन्त प्रशंसनीय है। इसमें आदि से अन्त तक वीररस की प्रधानता है। युद्ध का वर्णन बड़ा ही ओजपूर्ण है। नाटक में पात्र स्वभाव वर्णन बहुत सटीक है। नाटक की भाषा सर्वथा पाणिनीय व्याकरण के नियमों का पालन करती है। इसकी भाषा प्राकृत शौरसेनी, मागधी तथा महाराष्ट्री है। इस नाटक पर प्रसिद्ध टीकाकार जगद्धर की टीका है। भट्टनारायण का मात्र यही एक नाटक उपलब्ध है।

प्रथम अंक

कथावस्तु—सूत्रधार ने बताया कि भगवान् कृष्णचन्द्र पाण्डवों के दूत बनकर

व्यास आदि महर्षियों के साथ कौरव-पाण्डवों में सन्धि कराने के लिए दुर्योधन के यहाँ जा रहे थे और वे भगवान से इस सन्धि-प्रयास की सफलता की प्रार्थना कर रहे थे तथा यह भी कामना कर रहे थे कि भगवान् कृष्ण के साथ पाण्डव लोग प्रसन्न रहें एवं कौरव अपने कर्मचारियों के साथ स्वस्थ रहें। सहदेव के साथ गदाधारी क्रोधन्मत्त भीम सूत्रधार को डाँटने लगे—अरे! नीच! यह तू क्या बक रहा है। जिन कौरवों ने लाक्षानिर्मित महल, विषमिश्रित भोजन तथा कपट द्यूत रचकर हम लोगों के प्राण और सम्पत्ति के अपहरण की चेष्टा की है और महारानी द्रौपदी के वस्त्र और केशों को खींचा है, उन्हीं दुराचारी कौरवों की स्वस्थता की कामना कर रहे हो? क्या मैं संग्राम में कौरवो को नष्ट नहीं कर सकता? अपनी प्रतिज्ञा के अनुसार दुःशासन का रक्तपान नहीं कर सकता? क्या अपनी प्रचण्ड गदा से दुर्योधन की जाँघों को चूर्ण नहीं कर सकता? जाओ सहदेव, महाराज से कह दो, मैं सन्धि नहीं मानूँगा। महाराज जो चाहें करें। इतने में दुर्योधन की पत्नी भानुमती की तीखी बातों से व्यथित और उद्विग्न द्रौपदी आई। द्रौपदी ने कहा—महाराज! अभी। भानुमल कह रही थी कि ऐ द्रौपदी, सन्धि-प्रस्ताव तो आरम्भ हो गया, अब अपने बिखरे केशों को क्यों नहीं सँभाल लेती? भीम का क्रोध तो बढ़ गया होता किन्तु उन्हें यह भी ज्ञात हो गया कि चेटी ने भानुमती से कह दिया था कि हे भानुमती। जब तक आपके केश विमुक्त नहीं होंगे तब तक मेरी महारानी के केश कैसे बँधेंगे? संयोगवश सन्धि-प्रस्ताव भग्न हो गया। युद्धस्थल से नगाड़े की आवाज आने लगी और कञ्चुकी से यह भी पता चला कि दुर्योधन ने भगवान् कृष्ण को बन्दी बनाने का आदेश दे दिया है। पाण्डवों में खलबली मच गयी। यह सुनकर भीम तुरन्त द्रौपदी को धैर्य धरा कर समर के लिए चल पड़े।

द्वितीय अंक

अभिमन्यु का वध हो गया था। इस समाचार से प्रफुल्ल दुर्योधन अपनी प्रियतमा भानुमती को यह समाचार सुनाने के लिए प्रस्तुत हुआ किन्तु उस समय भानुमती अपनी सखियों से कुछ बातें कर रही थी। अतः वहाँ न जाकर छिपकर रानी की बातें सुनने लगा। रानी कहती जा रही थी—हे सखी तदनन्तर देवताओं से भी अधिक सुन्दर इस नकुल के दर्शन से मैं उत्कण्ठित हो गयी। उस पर आसक्त हो गयी। उस स्थान को छोड़कर लताकुञ्ज में चली गयी। वह नकुल भी मेरे पीछे चला आया। कुञ्ज में प्रवेश कर गया और धृष्टता से हाथ फैलाकर मेरे स्तनावरणों को हटा दिया। स्वप्न की इतनी अधूरी बातें सुनकर ही दुर्योधन आगबबूला हो गया और सोच बैठा कि नकुल से मेरी

पत्नी भानुमती का कोई अवैध सम्बन्ध है। उसे अपने शत्रु के साथ अपनी स्त्री का सम्बन्ध सोचकर पत्नी को ही समाप्त कर देने की सूझी। ज्योंही वह तलवार खींचकर आगे बढ़ा कि महारानी की आगे की बातें सुनायी पड़ीं—हे सखी इसके बाद सवेरा हो गया और आर्यपुत्र के उद्‌बोधन होनेवाले प्रभातकालीन मृदंगध्वनि और वेश्याओं के संगीत से मैं जाग उठी। दुर्योधन ठण्डा पड़ गया। उसे निश्चय हो गया कि महारानी स्वप्न की बात कर रही थीं। उसे अपनी भूल ज्ञात हो गयी। उधर महारानी दुःस्वप्न की शान्ति के लिए भगवान् भास्कर को अर्घ्य प्रदान करने के लिए ध्यानस्थ थी। दुर्योधन इसी समय पहुँचकर महारानी की अञ्जलि में स्वयं पुष्प प्रदान करने लगा, किन्तु रानी के अंगस्पर्श से राजा की वासनात्मक प्रवृत्ति जाग गयी और उसका शरीर काँप जाने के कारण उसके हाथों के पुष्प पृथ्वी पर गिर पड़े। महारानी को बुरा लगा। रानी को भुलाने के लिए दुर्योधन अत्युग्र कामवासना का अभिनय करने लगा। इसी बीच प्रचण्ड आँधी के कारण राजा दुर्योधन के विजयरथ की पताका टूट कर पृथ्वी पर गिर पड़ी। महारानी भानुमती भी त्रस्त होकर राजा दुर्योधन के गले से लिपट गयी। इसी समय जयद्रथ की माता और उसकी पत्नी दुःशला, जो दुर्योधन की बहन थी, जाकर कहने लगी—महाराज गाण्डीवधारी अर्जुन ने पुत्रवियोग में उद्विग्न होकर आज सूर्यास्त से पहले जयद्रथ को मार डालने की प्रतिज्ञा कर ली है। इसके प्रकोप से पृथ्वी काँप गई है और झंझावात से पूरा वायुमण्डल दूषित हो गया है। अतः रक्षा कीजिए महाराज? दोनों को सान्त्वना देकर दुर्योधन ने रणस्थल की ओर भेज दिया।

तृतीय अंक

महारथी जयद्रथ वध के संग्राम के दिन द्रुपद, मात्स्यसेना, भूरिश्रवा, सोमदत्त, भगदत्त, बाहलीक प्रभृति प्रधान-प्रधान राजाओं एवं जयद्रथ असंख्य घोड़े तथा हाथियों के वध से युद्ध स्थल इतना रक्तप्लावित हो चुका था कि रुधिरप्रिय नामक राक्षस और उसकी पत्नी वसागन्धा रुधिर, मांस, वसा और मज्जा से तृप्त होकर वह विकट संग्राम अनवरत सौ वर्ष तक चलने की कामना कर रही थी। उधर द्रौपदी की वेणी को पकड़कर घसीटने वाले दुःशासन का वध करने के लिए दृढ़-प्रतिज्ञ गदाधारी भीम उसका रुधिर पान करने के लिए युद्धस्थल में घूम रहे थे और गरज रहे थे। एक तरफ परशुराम के प्रधान् शिष्य धनुर्धारियों में श्रेष्ठ उभय पक्ष के गुरु महापराक्रमी द्रोणाचार्य दुःशासन की रक्षा में कौरवों के सेनानायक बनकर संहारकालीन झंझावात से क्षुब्ध पुष्करावर्त्तक मेघों की भीषण गड़गड़ाहट का अनुसरण करने वाले तीखे बाणों से

पाण्डवों की सेना को तितर-बितर कर रहे थे। उनके दिव्य शस्त्रों की ज्वाला से अर्जुन, सात्यकि एवं भीम भी तिलमिला उठे थे। भगवान् कृष्ण ने सोचा—द्रोणाचार्य तो अनर्थ कर रहे थे। अतः इन्हें रोकना चाहिए। यह प्रवाद फैलाया गया कि द्रोणाचार्य के अश्वत्थामा मार डाले गये और द्रोणाचार्य को विश्वास दिलाने के लिए युधिष्ठिर के मुँह से 'अश्वत्थामा हतः' (नरो वा कुंजरो वा) यह आधी बात सुना दी गयी। द्रोणाचार्य ने शस्त्र त्याग कर दिया। फिर क्या था, धृष्टद्युम्न ने आचार्य की शिखा पकड़कर उनकी गर्दन काट डाली। भीम दुःशासन पर टूट पड़े। कौरव की सेना भय खाकर युद्धस्थल से भाग गयी। आचार्य का सारथी भी घायल होकर रणस्थल के लिए उद्यत अश्वत्थामा के चरणों पर आकर गिर पड़ा और आचार्य की मृत्यु का समाचार सुना दिया। पिता की मृत्यु से अश्वत्थामा विचलित हो उठा। अश्वत्थामा को विश्वास न था इस गलत ढंग से उनके अजेय पिता जिनके दिव्याशस्त्रों के सामने देवता भी नहीं टिक सकते थे, धोखे से मार दिये जायेंगे। इतने में अश्वत्थामा के मामा कृपार्चा भी रथ से परामुख होकर आ गये और दुर्योधन युधिष्ठिर तथा स्वयं अपने को धिक्कारने लगे। वे अश्वत्थामा को सेनापति बनाकर पाण्डवों से बदला लेने के लिए उत्साहित कर दुर्योधन के पास ले गये। वहाँ जाने पर पता चला कि महारथी कर्ण कभी का सेनापति बन चुका है। इसी सेनापति पद को लेकर कर्ण और अश्वत्थामा के बीच काफी कहा-सुनी हुई। बात यहाँ तक बढ़ी कि अश्वत्थामा ने कर्ण पर पाद-प्रहार कर दिया और कर्ण भी तलवार खींचकर खड़ा हो गया। कर्ण ने कहा—ब्राह्मण होने के कारण तू अवध्य है। सुनकर अश्वत्थामा ने अपना यज्ञोपवीत तोड़कर फेंक दिया और कहा—ले मैंने जाति छोड़ दी। अब आगे बढ़, इतने में दुर्योधन दोनों के बीच खड़ा हो गया और शान्त ही कर रहा था कि रणस्थल से भीम की गदा से व्यथित दुःशासन का आर्तनाद सुनायी पड़ा। अश्वत्थामा को छोड़कर सभी दौड़ पड़े।

चतुर्थ अंक

दुःशासन को बचाने के लिए दुर्योधन ने पूरा प्रयत्न किया किन्तु सब व्यर्थ रहा, वह दुर्योधन की प्रचण्ड गदा से मूर्छित होकर धराशायी हो गया, किन्तु मूर्च्छित दुर्योधन को लेकर सारथी भाग गया। महारथी कर्ण और शल्य के समक्ष ही भीम ने दुःशासन को पछाड़ दिया और जीवित ही उसके विशाल वक्षःस्थल को हाथों से चीरकर प्रतिज्ञा के अनुसार रक्तपान किया तथा अवशिष्ट रक्त को अपने शरीर में पोत लिया। इस प्रकार भयानक आकृति बनाकर प्रलयकालीन मेघ के समान गरजकर वह कर्ण के ऊपर टूट

पड़ा। भीम की उस भयंकर आकृति को देखकर विचित्र दानव समझकर उभयपक्ष की सेनाएँ चीत्कार करती हुई भाग गयीं। इसी बीच कर्ण को बचाने के लिए कृपाचार्य तैयार होकर पहुँच गये। अर्जुन भी भीम की सहायता में कर्ण पर बाण बरसाने लगे। उस विकट युद्ध में असंख्य योद्धा मारे गये। हाथी-घोड़े और रथचक्र की धूलि से अन्धकार छा गया। पिता की पराजय सुनकर कर्ण का पुत्र वृषसेन भी आ पहुँचा। अर्जुन ने कहा—निरपराध बालक! क्यों प्राण देने पर तुला है? इतने में वृषसेन ने अर्जुन के वक्षःस्थल को बेध डाला। अर्जुन भी बालक के ऊपर बाण बरसाने लगे किन्तु सफल न हुए। बालक ने अर्जुन के रथ को बाणों से ढँक दिया। उभय पक्ष की सेना बालक के पराक्रम पर चकित रही। अर्जुन ने बालक के रथ तथा धनुष की प्रत्यंचा को ही काट डाला। बालक तलवार खींचकर पैदल ही अर्जुन पर टूट पड़ा। कर्ण भी पुत्र की सहायता करने लगे। पुत्र दूसरे रथ पर चढ़ गया और कहने लगा—'अर्जुन! अब मेरे बाण तेरे अंगों के अतिरिक्त कहीं नहीं गिरेंगे।' ऐसा कहकर अर्जुन के शरीर को बाणों से बेध डाला। अर्जुन व्यथित हो उठे और इस बार अत्यन्त शक्तिशाली बाण छोड़ा। बालक का बाल भी बाँका न हुआ। तात्पर्य यह कि बालक डटकर अर्जुन का मुकाबला कर रहा था। अर्जुन शर्मा रहे थे। पुत्र का पराक्रम देखकर कर्ण अट्टहास कर रहे थे। अर्जुन क्रुद्ध हो गये, बोले—अरे रे कर्ण! तूने तो परोक्ष में वीर बालक अभिमन्यु का वध किया था किन्तु मैं तेरे सामने ही उसका बदला लेता हूँ। अर्जुन ने महागाण्डीव सँभाला। इधर कर्ण ने कालपृष्ठ नामक धनुष को खींचा। दोनों के धनुष की प्रत्यंचा की गगनभेदी टंकारों से कान फटने लगे। कर्ण के हाथों से धनुष गिर पड़ा और कौरव सेना चिल्ला उठी—'हाय कुमार वृषसेन मारे गये।' इसके बाद कर्ण का सहचर सुन्दरक सारा समाचार लेकर दुर्योधन के पास पहुँचा। इधर दुर्योधन दुःशासन के वध का ताजा समाचार सुनकर विलख-विलख कर रो रहे थे। सुन्दरक को देखकर दुर्योधन ने युद्ध का समाचार पूछा। सुन्दरक ने वृशसेन की मृत्यु का समाचार दिया। दुर्योधन अत्यन्त दुखी होकर रोने लगा। इसी समय गान्धारी के साथ महाराज धृतराष्ट्र के आने का समाचार पहुँचा। लज्जित दुर्योधन अपना मुँह छिपाने का प्रयत्न करने लगा।

पंचम अंक

गान्धारी ने दुर्योधन से कहा—पुत्र का सर्वनाश हो चुका। अब भी युद्ध से विमुख हो जा। धृतराष्ट्र भी कहने लगे—देखो बेटा! जिन भीष्म पितामह और द्रोणाचार्य के बल पर तुम ही क्या सारा विश्व भरोसा रखता था, वे दोनों ही वीर मार डाले गये। महा प्रतापी

कर्ण के सामने ही उसके पुत्र का बध कर दिया गया। पाण्डवों की सभी प्रतिज्ञाएँ पूरी होती हा रही हैं। अतः अभिमान छोड़कर जैसा युधिष्ठिर का सन्धि-नियम है सन्धि कर लो। युधिष्ठिर सन्धि करना चाहते हैं। क्योंकि वे ऐसा मानते हैं कि मेरा यदि एक भी भाई मरा तो मैं जीवित नहीं रहूँगा। अतः वे सतत युद्ध-विराम की इच्छा करते हैं। दुर्योधन ने कहा—पिताजी! जब युधिष्ठिर एक भाई के मरने पर जीवित नहीं रह सकते तो क्या मैं निन्यानवे भ्राताओं के मरने पर भी अपने जीने के लिए सन्धि कर लूँ। यदि आप स्वयं मेरी ममता के वशीभूत होकर सन्धि-प्रस्ताव रखेंगे तो यह भी क्षत्रिय धर्म की मर्यादा का उच्छेद होगा। आप आशीर्वाद दीजिए, दुःशासन के रक्त को पीनेवाले भीम को मारकर मैं युधिष्ठिर का मनोरथ भग्न कर दूँगा। उधर कौरवों की सेना चीत्कार कर उठी और शल्य के पलायन से विदित हो गया कि अर्जुन के वज्र समान बाणों से महारथी कर्ण भी धराशायी हो गये। इतने में ही दुर्योधन को ढूँढ़ते हुए अर्जुन के साथ भीम भी वहाँ पहुँच गये। दोनों ने माता गान्धारी और धृतराष्ट्र को प्रणाम किया तथा वे दुर्योधन को धिक्कारने लगे। दुर्योधन भी तमक उठा। भीम क्रुद्ध हो गये और बोले—अरे! भरतवंश के कलंक दुर्योधन! मेरी सभी प्रतिज्ञाएँ पूरी हो चुकी हैं केवल तेरी जाँघों को इस गदा से विदीर्ण करना शेष है। उसे भी आर्य धृतराष्ट्र के समक्ष होने से अभी तो नहीं कल सबेरे अवश्य पूरा कर लूँगा। अर्जुन और भीम दोनों धर्मराज युधिष्ठिर का आह्वान मानकर शिविर की ओर चले गये। इतने में कर्ण का बध सुनकर अर्जुन को ललकारते हुए अश्वत्थामा आ पहुँचे और दुर्योधन से कहने लगे—कौरवनरेश! कर्ण का पराक्रम तो देख लिया किन्तु प्रतिशोध लेने के लिए मुझे आज्ञा दीजिए। दुर्योधन व्यथित हो गया और कहने लगा—आर्यपुत्र! कर्ण के विनाश से जितने आप दुखी हैं उतना ही मैं भी अतः आपका यह मनोरथ मेरे विनाश के बाद पूरा हो तो अच्छा हो।

षष्ठ अंक

महाभारत-संग्राम के अन्तिम दिन युधिष्ठिर बहुत दुखी थे कि भीम ने प्रतिज्ञा कर ली है—यदि आज सबेरे दुर्योधन नहीं मारा गया तो अपना ही प्राण-परित्याग कर दूँगा, सम्भवतः इसे ध्यान में रखकर ही न जाने दुर्योधन कहाँ छिप गया है। इतने में ही पाञ्चालक ने आकर बताया कि जब भगवान् वासुदेव के साथ भीम और अर्जुन दोनों भाई दुर्योधन को खोज रहे थे तभी भीमसेन के परिचित किसी व्याध ने आकर बता दिया कि दुर्योधन इसी सरोवर में घुस गया है। भीम की गदा फड़क उठी। थोड़ी ही देर में पूरे तालाब के जल को गदा से आलोड़ित कर बाहर फेंक दिया। उसके बाद दुर्योधन

विक्षुब्ध होकर भीम पर टूट पड़ा। क्षणभर के लिए दुर्योधन को भीष्म, द्रोण आदि को मरने का ध्यान आया और उसने अपनी गदा फेंक दी। भीम ने कहा—अरे कौरव-कुल-कलंक! क्यों डरता है? मैं तुम्हें निःशस्त्र अभिमन्यु की तरह नहीं मारना चाहता, ले अपनी गदा सँभाल और मेरे पाँचों भाइयों में से जिस एक से चाहे लड़ ले। दुर्योधन यह ललकार सह न सका और उसने महायुद्ध आरम्भ कर दिया। श्रीकृष्ण ने विजय निश्चित समझकर महाराज के राजभिषेक की तैयारी करने के लिए कहला भेजा। सुनकर महाराज गद्‌गद हो उठे। द्रौपदी के हर्ष की सीमा न रही। इसी बीच दुर्योधन के एक राक्षस मित्र ने तपस्वी के वेष में, युधिष्ठिर से, आकर दुर्योधन की गदा से भीम के धराशायी होने का मिथ्या समाचार सुनाया। युधिष्ठिर मूर्च्छित हो गये। शोकाग्नि भभक उठी। वे अपनी प्रतिज्ञा के अनुसार चिता में भस्म होने के लिए उद्यत हो गये। द्रौपदी भी भीम के वियोग में चित्ता में प्रवेश करने को तैयार हो गयी कि इसी समय ताजे खून से लथपथ द्रौपदी का नाम लेकर गरजती हुई भयंकर आकृति को राजभवन की ओर आती देखकर उसे दुर्योधन समझकर सभी लोग इधर-उधर भागने लगे। महाराज युधिष्ठिर ने द्रौपदी की ओर बढ़ती हुई उस भयानक आकृति को अपने भुजपाश में कसकर बाँध लिया और वे कहने लगे—अरे दुष्ट! मेरे प्रिय अनुज भीम के हत्यारे पापी दुर्योधन। आज तू मुझसे नहीं बच सकता। यह सुनकर भीम बोल उठे—हैं! मैं दुर्योधन नहीं भीम हूँ महाराज की जय हो, महाराज भ्रम न करें। मैं दुर्योधन के रक्त से लिप्त आपका प्रिय अनुज भीम हूँ। अब दुर्योधन कहाँ? आर्य मुझे एक क्षण के लिए अवकाश दीजिए। मैं दुर्योधन के तप्त रक्त में सने हुए इन हाथों से द्रौपदी की वेणी, जिसे दुर्योधन के आदेश से दुष्ट दुःशासन ने खींचकर कर खोल दिया था, बाँधने के लिए व्यग्र हो रहा हूँ।' महाराज युधिष्ठिर हर्ष से विह्वल हो गये। उन्होंने भीम का आलिंगन किया। भीम दौड़कर द्रौपदी के गले से चिपक कर अपने हाथों से द्रौपदी की वेणी को गूँथने लगे। इतने में अर्जुन के साथ भगवान् वासुदेव भी पहुँच गये। उन्होंने बताया कि महाराज युधिष्ठिर! जिस चार्वाक के कपटों से आप दुखी थे, उसे नकुल ने पकड़ लिया है और आपकी व्याकुलता देखकर मैं अर्जुन को लेकर शीघ्र आया हूँ। अब कहिए महाराज आगे आपकी क्या इच्छा है? सुनकर धर्मराज ने कहा—भगवन् ! अब आप यही आशीर्वाद दें कि बिना किसी सन्देह के लोगों की आपमें सुदृढ़ भक्ति हो।' भगवान् ने कहा—एवमस्तु!

उत्तररामचरित

उत्तररामचरित की रचना भवभूति ने की है। उन्होंने महावीर-चरित (या वीरचरित) मालती माधव एवं उत्तररामचरित ये तीन नाटक लिखे हैं। भवभूति के देशकाल के सम्बन्ध में इनके नाटकों और विशेषकर महावीरचरित में इनके द्वारा दिए गए विवरण से ही कुछ ज्ञात हो पाता है—दक्षिणापथ में पद्मपुर नाम का नगर था। उसमें तैत्तिरीय शाखा का अध्ययन करने वाले, काश्यप गोत्रीय, पंक्तिपावन, पञ्चाग्निव्रत करनेवाले, सोमरस का पान करने वाले, उदुम्बर नामवाले ब्रह्मवादी रहते थे। इस वंश में वाजपेय यज्ञ करने वाले एक कहाकवि हुए। इन्हीं की पाँचवीं पीढ़ी में भट्टगोपाल के पौत्र एवं नीलकण्ठ के पुत्र व्याकरण न्याय-मीमांसा के महान् पण्डित भवभूति हुए। इनकी माता का नाम जुकर्णी था।

क्षेमेन्द्र (11वीं शती), महिमभट्ट (11वीं शती), धनञ्जय (10वीं शती, राजशेखर (9वीं शती, तथा वामन (8वीं शती) ने भवभूति के नाटकों के पद्यों को अपने ग्रन्थों में उद्धृत किया है। अतः यह निश्चित है कि भवभूति आठवीं शती के पूर्वार्द्ध या सातवीं शती के उत्तरार्ध, में हुए थे।

विद्वान् लोग भवभूति के नाटकों में उत्तररामचरित को श्रेष्ठ मानते हैं—उत्तरे रामचरिते भवभूतिर्विशिष्यते'। उत्तररामचरित में मर्यादा पुरुषोत्तम राम के जीवन के उत्तर चरित की (राम के राज्याभिषेक से सीता-निर्वासन और पुनः सीता के समागम तक) कथा ली गयी है। इस नाटक में यों तो वीर एवं शृंगार रस का भी समावेश है किन्तु अङ्गीरस के रूप में करुण ही है, करुण रस भी ऐसा कि उससे पत्थर तक पिघल जाय, भगवान् राम का सारा जीवन दूसरों के प्रति अपने कर्तव्य के पालन में ही समर्पित है। इस नाटक में जहाँ एक ओर भवभूति ने अपने वैदिक एवं शास्त्रीय ज्ञान की गंभीरता का परिचय दिया है वहीं दूसरी ओर नाट्यशास्त्र की भरपूर रक्षा करते हुए भावुकता की भी अभिव्यक्ति में किसी से पीछे नहीं रहे हैं। भास तथा कालिदास की भाषा की भाँति भवभूति की भाषा सीधी और सरल तो नहीं है किन्तु इससे किसी असुविधा का सामना नहीं करना पड़ता। यह नाटक सात अंकों में विभक्त है। इसकी कथा ऐतिहासिक है।

प्रथम अंक

कथावस्तु—प्रस्तावना से ज्ञात होता है कि भगवान् रामचन्द्र के राज्याभिषेक के

उत्सव में भाग लेने के लिए आये अतिथियों को रामचन्द्र ने विदा कर दिया था। सब अपने-अपने घर चले गये थे और ऋष्यशृंग के द्वादश वार्षिक यज्ञ में सम्मिलित होने के लिए वसिष्ठ के संरक्षकत्व में राम की माताएँ अरुन्धती को आगे करके चली गयी थीं। राजा जनक भी उत्सव में आए थे। वे भी चले गये। जानकी जी उनके चले जाने से बहुत उदास थीं। राम उनको समझा-बुझा रहे थे—सान्त्वना दे रहे थे कि वसिष्ठ आदि का संदेश लेकर ऋष्यशृंग के आश्रम से अष्टावक्र आये हैं। शान्ता ने यह संदेश भेजा था कि सीता गर्भवती हैं और गर्भवती स्त्रियों की आकांक्षाएँ अवश्य पूरी करनी चाहिए। अतः सीता की जो इच्छाएँ हों उन्हें राम को तुरंत पूरी करनी चाहिए। संभवतः रामचंद्र सांसारिक व्यवहारों से अनभिज्ञ थे, इसलिए यह संदेश आवश्यक था। महर्षि वसिष्ठ ने यह संदेश भेजा था कि अभी रामचंद्र नये राजा हैं उन्हें प्रजानुरञ्जन (लोक कल्याण) पर पूरा ध्यान रखना चाहिये। राम ने दोनों संदेशों को ध्यान से सुना और कहा-लोक-कल्याण के लिए स्नेह, दया, सौख्य की तो बात ही क्या प्राणप्रिया जानकी को भी छोड़ने में मुझे कोई हिचकिचाहट न होगी। अनेक उपायों से सीता का मन बहलाया जाता था। ज्यों-ज्यों प्रसव का समय समीप आता जाता था, सीता शिथिलपड़ती जाती थीं। एक दिन लक्ष्मण सीता का मन-बदलाव करने की ही दृष्टि से आलेख्य वीथिका में चित्रकार द्वारा चिचित्र रामचरित को दिखाने के लिए उन्हें ले गये। चित्र में अग्नि-शुद्धि देखकर राम ने सीता को सान्त्वना देते हुए कहा—देवी तुम तो जन्म से ही पवित्र हो, भला तीर्थोदक और आग की भी शुद्धि की क्या आवश्यकता है? खैर....। आगे चित्रित जृम्भकास्त्र देखकर राम ने कहा—देवी, इन जृम्भकास्त्रों को हजारों वर्ष तप करके ब्रह्मा आदि ने प्राप्त किया था। अब वे तुम्हारी सन्तान की सेवा में रहेंगे। आगे मिथिला का वृत्तान्त, वनगमन, वनवास के समय के पर्वत एवं नदियाँ, पञ्चवटी, शूपर्णखावृत्तान्त....राम की वियोग जनित वेदनाएँ, हनूमान् आदि का मिलन आदि चित्रित था। सम्पूर्ण चित्र देखने पर सीता थक गयीं और उन्होंने कहा—आर्यपुत्र, मेरी इच्छा हो रही है कि पुनः शान्त और गम्भीर वनप्रान्त में विहार करूँ और भागीरथी में गोता लगाऊँ। राम ने इस इच्छा की तुरन्त पूर्ति के लिए लक्ष्मण को रथ मँगवाने के लिए कहा। इसी बीच राम का अत्यन्त विश्वासपात्र दुर्मुख नाम का गुप्तचर आया और उसने सीताविषयक लोकापवाद की सूचना राम को दी। सुनकर राम मूर्च्छित हो गये। आश्वस्त होने पर, जिस रथ पर चढ़कर सीता वन-विहार करने जाने वाली थीं, उसी से लक्ष्मण के द्वारा वन भेज दी गयीं।

द्वितीय अंक

उस आसन्न-प्रसवा, कठोरगर्भा और रामचन्द्र की प्राणवल्लभा जानकी को लोकाराधन के लिए वन्य हिंस्र पशुओं की मर्जी पर धोखे से छोड़े हुए प्रायः बारह वर्ष हो आए थे। वाल्मीकि मुनि के आश्रम से जिधर अगस्त्य आदि वेद-ज्ञाता ऋषि रहते थे उधर जाने के लिए पञ्चवटी की ओर आयीं। पञ्चवटी की वासन्ती ने उनका स्वागत किया और उनके आने का कारण पूछा। आत्रेयी न बताया कि वाल्मीकि के आश्रम में आजकल सुचारु रूप से अध्ययन नहीं हो पाता। कारण यह है कि एक समय किसी देवता विशेष ने स्तनत्याग की अवस्थावाले कुश और लव नाम के दो बच्चों को लाकर महर्षि को समर्पित कर दिया। महर्षि ने उन बालकों का धात्रीकर्म स्वयं किया। उनका क्षत्रियोचित संस्कार किया और उन्हें आन्विक्षिकी, त्रयी, वार्ता एवं दण्डनीति इन विद्याओं को पढ़ाया। रहस्य-सहित जृम्भकास्त्र तो उन्हें जन्मसिद्ध है। वे बच्चे पढ़ने में इतने कुशाग्रबुद्धि हैं कि इनका कोई भी सहपाठी उनके साथ पढ़ने में झेंपता है। एक बात और यह है कि वाल्मीकि मुनि एक दिन तमसा स्नान करने जा रहे थे कि किसी व्याध ने विहरते क्रौञ्च पक्षी के जोड़े में से एक को मार दिया। इस करुण दृश्य को देखकर मुनि विचलित हो उठे और सहसा उनके मुँह से—

"मा निषाद प्रतिष्ठां त्वमगमः शाश्वतीः समाः।
यत्क्रौञ्चमिथुनादेकमवधीः काम मोहितम्॥"

यह अनुष्टुप छन्द निकल गया। इसे सुनकर वाग्देवता प्रसन्न हो गये और कहा—महर्षि! आप प्रबुद्ध हो गये हैं। आप रामायण की रचना कर दें। वाग्देवता का आदेश मानकर मुनि उसकी रचना में अधिक समय दे रहे हैं, इसलिए कि अध्ययन में बाधा पड़ती है। वासन्ती से जब आत्रेयी को यह पता चला कि यह पञ्चवटी है तो उन्हें राम के पञ्चवटी-निवास की बातें स्मरण हो आयीं और उन्होंने कहा कि अब तो सीता का नाममात्र अवशिष्ट रह गाया है तथापि वह जैसे प्रत्यक्ष दिखायी-सी दे रही हैं। वासन्ती ने आश्चर्य से कहा—ऐ सीता का क्या हुआ। आत्रेयी ने लक्ष्मण द्वारा वन में छोड़े जाने की बात बतायी। वासन्ती को आश्चर्य यह हुआ कि अरुन्धती और वसिष्ठ की सम्मति से चलनेवाले रघुकुल और वृद्ध माताएँ कौशल्या आदि के रहते यह अनर्थ कैसे हो गया, आत्रेयी ने बताया कि वे सब लोग ऋष्यशृङ्ग के यज्ञ में चले गये थें वह बारह वर्षों में सम्पन्न होनेवाला यज्ञ अब समाप्त हो गया है किन्तु अब भी वे लोग यह कहकर अयोध्या नहीं आए है कि वधू से शून्य अयोध्या में हम लोग नहीं आयेंगे। वसिष्ठ मुनि

ने सबको राय दी कि इस स्थिति में सभी वाल्मीकि मुनि के आश्रम में चलें। सभी वहाँ चले गये। आत्रेयी ने यह भी बताया कि रामचन्द्र सीता की हिरण्यमयी प्रतिकृति को सहधर्मिड़ी बनाकर अश्वमेध यज्ञ कर रहे हैं और अश्वमेध के घोड़े छोड़े गये हैं। उनके साथ एक सेना की टुकड़ी है जिसकी सुरक्षा में लक्ष्मण का पुत्र चन्द्रकेतु है, जिसने दिव्यास्त्रों का परम्परागत उपदेश ग्रहण किया है। ब्राह्मण बालक की अकाल मृत्यु के कारण शम्भूक नामक शूद्र को तपस्या करते जानकर पुष्पक विमान से राम उसे खोजते दण्डकारण्य आये। उसका वध किया। दिव्य देह धारण कर जब शम्बूक आया तो उससे बात के प्रसंग में यह जानकर कि यह दण्डकारण्य है, राम पूर्व की घटनाओं का स्मरण कर विलाप करने लगे कि अगस्त्य मुनि का निमन्त्रण आया और मुनि का दर्शन करने उनके आश्रम में चले गये।

तृतीय अंक

मुरला नाम की नदी ने तमसा नाम की नदी से कहा कि मैं अगस्त्य मुनि की पत्नी के कथनानुसार गोदावरी नदी से यह कहने जा रहा हूँ कि रामचन्द्र सीता के वियोग से बहुत ही दुर्बल हो गये हैं और अगस्त्य के आश्रम से लौट कर पञ्चवटी जाने पर जब उन्हें पूर्व वृत्तान्तों का स्मरण होगा तो पग-पग पर उन्हें सम्भालने की आवश्यकता पड़ेगी, अतः सतर्क रहें। तमसा ने कहा—यह उदारता तो उचित ही है। और राम की सान्त्वना का उपाय भी उपस्थित है, क्योंकि वाल्मीकि के आश्रम के पास सीता को जब लक्ष्मण छोड़कर चले गये और सीता को प्रसव-वेदना हुई तो वह गङ्गा में प्रविष्ट हो गयी। उन्हें दो पुत्र हुए। पृथ्वी और भगीरथी ने उन्हें सम्भाला। सीता पाताल चली गयीं और दूध छूटने पर दोनों बच्चों को भागीरथी ने वाल्मीकि के आश्रम में पहुँचा दिया। उधर पञ्चवटी में रामचन्द्र के आने की संभावना को सरयू के मुख से सुनकर भगवती भागीरथी ने भी वहीं आशंका की जो लोपामुद्रा ने की थी, इसीलिए वे सीता के साथ गोदावरी को देखने आयीं और सीता से यह कहकर कि आज कुश और लव के बारहवें जन्म संवत्सर की मङ्गलग्रन्थि है अतः अपने कुलदेव भागवान् भास्कर की पूजा करो और तुम्हें मेरे प्रभाव से वन देवता भी नहीं देख सकते। मनुष्यों की तो बात ही क्या? भागीरथी ने सीता को अदृश्य बनाकर तमसा के साथ बारहवें वर्ष की संख्या मङ्गल ग्रंथि के बहाने राम की रक्षा के लिये ही पञ्चवटी भेज दिया। उधर से राम भी अगस्त्याश्रम से लौटकर पञ्चवटी में आये और सीता-सहवास-कालीन स्थानों को देखकर मूर्च्छित हो गये। तमसा के कहने पर सीता ने अपने हाथों के स्पर्श से राम को आश्वस्त किया।

वासन्ती भी राम से मिली और उनसे सीता के सम्बन्ध में बातें कीं। रामचंद्र और सीता दोनों अलग-अलग शोकाभिभूत होकर विलाप करने लगे। कुछ आश्वस्त होकर रामचन्द्र अश्वमेध को पूरा करने के लिए अयोध्या चले गये और इधर सीता भी अपने बच्चों की बारहवीं वर्षगाँठ मनाने के लिए गङ्गा के पास लौट गयीं।

चतुर्थ अंक

वाल्मीकि मुनि के आश्रम में अनध्याय था। उनके एक शिष्य सौघातकि ने दाण्डायन नामक दूसरे सहपाठी से अनध्याय का कारण जानना चाहा। उत्तर में दाण्डायन ने बताया कि आज वसिष्ठ मुनि, अरुन्धती तथा राम की माताएँ आयी हैं और राजा जनक भी सीता के वियोग में दुःखी होकर आश्रम में आये हैं, अतएव सीता के विशिष्ट अतिथि के आ जाने के कारण अनध्याय है। शोक में जनक को विलाप करते जानकर मुनि वसिष्ठ ने अरुन्धती के साथ कौशल्या को जनक के पास जाने के लिए कहा। दोनों गयीं। कौशल्या और जनक दोनों ही एक दूसरे को देखकर और अधिक शोकाकुल हो उठे। उधर नेपथ्य में शिष्टानध्याय के कारण एकाएक लड़कों का कोलाहल सुनायी पड़ा। कोशल्या का ध्यान कोलाहल की ओर चला गया और उन्हीं बालकों में एक अति तेजस्वी बालक को देखकर दोनों भावविभोर हो गये। कारण यह था कि उस बालक की आकृति ठीक वैसी ही थी जैसी रामचन्द्र की बचपन में थी। उस बालक को बुलाया गया। व्यवहार में भोला-भाला निश्छल किन्तु सर्वथा प्रखर तेजस्वी वह बालक था। उसने बातचीत के प्रसङ्ग में अपने रामायण-ज्ञान का परिचय दिया। जब राजा जनक ने दशरथ के पुत्रों की सन्तानों के सम्बंध में प्रश्न किया तो उसने उस विषय की अनभिज्ञता की विवशता बतायी। यह बालक लव था। लव ने यह बताया कि महर्षि वाल्मीकि ने सरस दृश्य प्रबन्ध (रूपक) में लिखकर उस कथा-भाग के स्वहस्तलिखित सन्दर्भ को मेरे (लव के) ज्येष्ठ भ्राता कुश के संरक्षण में नाट्याचार्य भरत मुनि के पास भेजा है। उस कथा भाग का ज्ञान मुझे नहीं। इतने में अश्वमेध यज्ञ के प्रसङ्ग से छोड़े घोड़े को देखकर आश्रम के लड़कों को बड़ा कौतूहल हुआ। वे दौड़े। कुछ लड़के लव को भी खींचकर ले गये। घोड़ा पकड़ लिया गया। जब रक्षकों ने विरोध किया तब लव युद्ध करने को तैयार हो गया।

पंचम अंक

यह अश्वमेध घोड़ा वही था जिसे रामचन्द्र ने लक्ष्मण के पुत्र चन्द्रकेतु के संरक्षण में सेना के साथ छोड़ा था। चन्द्रकेतु, संभवतः यह समझकर कि यह तो आश्रम है यहाँ

भला कौन घोड़े को पकड़ेगा, वन की दृश्यावली देखने में उलझ गये। जब चन्द्रकेतु इधर आये तो देखा आश्रम का एक लड़का घोड़े के प्रश्न पर रक्षकों से युद्ध छेड़ने को तैयार हैं। चन्द्रकेतु ने बताया कि यह घोड़ा महाराज रामचन्द्र का है। लव को तो पूरी रामायण की कथा ज्ञात थी, उसने रामचन्द्र के सम्बन्ध में बालिबध को लेकर कुछ आक्षेप कर दिया और इसी बीच चन्द्रकेतु के सैनिकों द्वारा किए हुए कोलाहल तथा पीछे से किए गये आक्रमण के कारण लव को थोड़ा क्रोध हुआ और उसने जृम्भकास्त्र का प्रयोग कर पूरी सेना को स्तम्भित कर दिया। रामचन्द्र पर आक्षेप और सेना का स्तम्भन देखकर चन्द्रकेतु क्रुद्ध हो गया। परिणामतः चन्द्रकेतु और लव में द्वन्द्वयुद्ध प्रारम्भ हो गया।

छठा अंक

लव और चन्द्रकेतु के बीच घनघोर युद्ध हो रहा था। दोनों दिव्यास्त्रों का खुलकर प्रयोग कर रहे थे। इन लोगों के आर्श्चचकित कर देनेवाले युद्ध को देखकर विद्याधर और उसकी पत्नी दोनों रोमांचित हो गये और आपस में साश्चर्य प्रत्येक घटना का वर्णन कर रहे थे। उधर से रामचन्द्र पंचवटी अयोध्या को जाते हुए युद्धक्षेत्र में आ गये। चन्द्रकेतु और लव दोनों ने उन्हें प्रणाम किया। युद्ध बन्द हो गया। रामचन्द्र लव की आकृति और पराक्रम से बहुत ही प्रभावित हुए। जब रामचन्द्र को चन्द्रकेतु से यह ज्ञात हुआ कि लव ने ही जृम्भकास्त्र का प्रयोग कर सारी सेना को स्तम्भित कर दिया है तब उन्होंने लव से जृम्भकास्त्र का संहार करने को कहा और लव ने उस आदेश को तुरत मान लिया। भरत मुनि के आश्रम से लौटकर कुश भी वहाँ आ गया और लव से राम का परिचय पाकर उन्हें प्रणाम किया। रामचन्द्र ने इन दोनों कुमारों से नाना विध प्रश्न किए और उनके मन में यह संदेह घर करता ही गया कि ये दोनों सीता के ही पुत्र हैं। किन्तु जब दोनों कुमारों ने सीता के विषय में किसी भी प्रकार की जानकारी से उदासीनता ही दिखायी तो राम निश्चय नहीं कर पाये। इतने में बच्चों के झगड़े को सुनकर वाल्मीकि, जनक, वसिष्ठ, अरुन्धती तथा दशरथ की रानियाँ सभी वहाँ चले आये। रामचन्द्र उन्हें देखकर शोकाभिभूत हो गये और उनका स्वागत करने चले गये।

सप्तम अंक

लक्ष्मण ने सबको सूचना दी कि भगवान् वाल्मीकि ने एक दृश्य-काव्य की रचना की है। उसका प्रयोग (अभिनव) गङ्गा-तट पर अप्सराओं द्वारा सम्पादित करने का निश्चय हुआ है। वाल्मीकि ने हम लोगों को ब्राह्मणों, क्षत्रियों, पुरवासियों एवं जनपदवासी समस्त प्रजा के साथ बुलाया है और अपने प्रभाव से देवों, असुरों, पशु-पक्षियों, सर्पों के

नायकों के समूह के साथ सभी जङ्गम तथा स्थावर प्राणि-समूहों को एकत्र कर लिया है। इसीलिए मेरे ज्येष्ठ भ्राता रामचनद्र ने उस गङ्गा तट पर रङ्गमंच तथा सबके लिए उचित स्थान की व्यवस्था करने के लिए मुझसे कहा है। रामचन्द्र आदि सभी मुनि का दृश्य-काव्य देखने गये। राम ने लक्ष्मण से कहा—कुश और लव का भी वही स्थान होगा जो चन्द्रकेतु का है। यह दृश्य-काव्य (गर्भांक नाटक) प्रारम्भ हुआ। इस करुणाद्‌भुतरस के नाटक की कथावस्तु साक्षात्कृतधर्मा ऋषि ने दिव्य चक्षु से जानकार लिखी थी। इसमें सीता के निर्वासन से कुश और लव की उत्पत्ति, सीता का पाताल-प्रवेश, कुश एवं लव को गङ्गा द्वारा वाल्मीकि के आश्रम में पहुँचाना आदि सब दिखाया गया था। अंत में गङ्गा, पृथ्वी तथा सीता को रङ्गमंच से विदा कर दिया गया। इसे देखकर कि स्तनत्याग के बाद शिशुओं को गङ्गा को सौंपकर सीता का विलय हो गया, रामचन्द्र मूर्छित हो गये। तब मुख्य नाटक में गङ्गा तथा पृथ्वी के साथ सीता जल से निकलीं और अपने हाथों के शीतलस्पर्श से राम की मूर्च्छा का अपनोदन किया। अरुन्धती ने उपस्थित जनता के समक्ष राम से सीता को ग्रहण करने का प्रस्ताव किया और राम, सीता, कुश एवं लव का समागम हुआ। अंत में भरत वाक्य—माता और गङ्गा के समान जगत् की मङ्गलकारिणी तथा रमणीया यह राम की कथा पापों को दूर करती है और कल्याण की वृद्धि करती है। विद्वान् तथा शब्दब्रह्मज्ञ कवि की इस प्रसिद्ध कथा का, शब्दब्रह्मज्ञ कवि के द्वारा इस रूप में रचित वाणी का पर्यालोचन करें।

मुद्राराक्षस

मुद्राराक्षस नामक नाटक की रचना महान नाटककार विशाखदत्त या विशाखदेव नाम के विद्वान् ने की है। इनके सम्बन्ध में नाटक के प्रारम्भ में जो थोड़ा इनका परिचय दिया गया है उसी से संतोष करना पड़ता है। उसके अनुसार नाटककार परमेश्वरदत्त के पौत्र और महाराज पृथु के पुत्र थे। इस नाटक के श्लोकों का उल्लेख धनिक के दशरूपावलोक में और भोज के सरस्वती कण्ठाभरण में है अतः विशाखदत्त या विशाखदेव दशवीं शती के पूर्व ही हुए, यह सुनिश्चित है! नाटक के आरम्भ में जिस चन्द्रग्रहण का उल्लेख है उसके सम्बन्ध में जर्मन विद्वान् याकोबी ने ज्योतिष-शास्त्र के गणित के आधार पर यह सिद्ध किया है कि यह ग्रहण 860 ई0 के दिसम्बर मास की दो तारीख को लगा था। मुद्राराक्षस के अन्त में भरतवाक्य के रूप में पढ़े गये श्लोक के अन्तिम चरण की विभिन्न पाडुलिपियों में विभिन्न रूप मिलते हैं—किसी में पार्थिवश्चन्द्रगुप्तः, किसी में पार्थिवोऽवन्तिवर्मा, किसी में पार्थिवोरन्ति वर्मा तो किसी में पार्थिवोदन्ति वर्मा। इनमें अन्तिम दो इसलिए भ्रमात्मक हैं कि रन्ति वर्मा और दन्तिवर्मा नाम के राजा इतिहास में नहीं हुए। इतिहास से विदित है कि 860 ई0 के लगभग कश्मीर में अवन्तिवर्मा का (855-883 ई0) शासन था। किन्तु भूगोल-वेत्ताओं ने यह सिद्ध किया है कि मुद्राराक्षस में पाटलिपुत्र का जो वर्णन है उससे यह निश्चय प्रतीत होता है कि वह राजधानी थी, आठवीं शती में जब बंगाल में पालबंश की स्थपना हुई तब पाटलिपुत्र राजधानी नष्ट हो गई। इसलिए अन्य लोगों ने अवन्तिवर्मा को भौखरी राजा अवन्ति वर्मा माना है, जिसके पुत्र ग्रहवर्मा के साथ हर्षवर्द्धन की बहिन राज्यश्री का विवाह हुआ था। यह समय सातवीं शती का पूर्वार्द्ध है। इस आधार पर यदि विशाखदत्त का समय यही माना जाय तो प्रश्न यह होगा कि 8वीं और 9वीं शती के आलंकारिकों ने ऐसे प्रसिद्ध नाटक के श्लोक उद्‌धृत क्यों नहीं किये? अतः याकोबी के द्वारा निर्धारित 860 ई0 ही विशाखदत्त का समय मानना उचित प्रतीत होता है। मुद्राराक्षस नाटक सात अंकों का नाटक है। यह नाट्य-शास्त्र की दृष्टि से भी सफल नाटक है। इस नाटक में आरम्भ से अन्त तक राजनीतिक घटनाओं का जो सूक्ष्म विवेचन हुआ है, वह अन्य किसी दूसरे नाटक में नहीं है। इस नाटक की एक विशेषता यह भी है

कि इसका नायक और प्रतिनायक दोनों ब्राह्मण हैं। चाणक्य की राजनीतिक सूझ-बूझ और राक्षस की वीरता एवं स्वामि-भक्ति अप्रतिम है। यह राजनीतिक नाटक होने के साथ ही ऐतिहासिक भी है। इस नाटक की भाषा कथावस्तु की भाँति ही प्रौढ़ है। इसमें शौरसेनी, महाराष्टी तथा मागधी और प्राकृत भाषाएँ प्रयुक्त हुई हैं। ये भाषाएँ प्राकृत-भाषा के व्याकरण के अनुसार हैं। एक आध स्थल को छोड़कर व्याकरण के नियमों का भलीभाँति ध्यान रखा गया है। नाटक पर बटेश्वर का मुद्राराक्षस प्रकाश और ढुण्ढिराज व्यास यज्वन् की टीकाएँ प्रसिद्ध हैं।

प्रथम अंक

कथावस्तु—मगध-नरेश महानन्द से चाणक्य किसी कारण अप्रसन्न हो गया था। उसने शिखा खोलकर प्रतिज्ञा की कि जब तक महानंदवंश का नाश नहीं कर लूँगा तब तक शिखा नहीं बाँधूँगा। उसने बाहरी राजा पर्वतक को आधा राज्य देने का लोभ देकर उससे सहायता ली। पर्वतक के साथ उसका भाई वैरोधक और पुत्र मलयकेतु ने भी सहायता की थी। नंदवंश के उच्छेद हो जाने पर नंदवंश के परम हितैषी महामंत्री राक्षस ने उस वंश में अवशिष्ट सर्वार्थसिद्धि को सिंहासन पर बैठाकर राज्य का कार्य सँभाल लिया। नाटक में सूत्रधार ने यह देखा कि उसकी पत्नी चन्द्रग्रहण के उपलक्ष में ब्राह्मणभोजन की तैयारी कर रही है, वह अपनी पत्नी को समझा रहा था कि इस समय चन्द्रग्रहण नहीं लग सकता। चाणक्य ने मात्र 'चन्द्रग्रहण' शब्द सुनकर ऐसा समझ लिया कि चन्द्रगुप्त पर ग्रहण (संकट) लगने की बात है अतः क्रुद्ध होकर कहा—कौन मेरे रहते चन्द्रगुप्त पर संकट उपस्थित कर सकता है? और मन में सोचने लगा—तपोवन में तपस्या करने के लिए गये हुए सर्वार्थसिद्धि को मरवा दिया गया। लोगों में यह किंवदन्ती फैला दी गयी कि राक्षस ने विषकन्या का प्रयोग कर प्रर्वतक को मरवा डाला। भागरायण ने मलयकेतु को बहका दिया। राक्षस की गुप्त गति-विधियों पर दृष्टि रखने के लिए गुप्तचरों की नियुक्ति कर दी गयी। मेरा सहपाठी इन्दुशर्मा क्षपणक जीवसिद्धि के रूप में राक्षस का विश्वासपात्र बन गया। वह सोच ही रहा था कि उसका गुप्तचर, जो यमपट लेकर घूम कर आया था, उसने सूचना दी कि क्षपणक जीवसिद्धि शकटदास और सेठ चन्दनदास ये तीन ही राक्षस के परम मित्र और चन्द्रगुप्त के विरोधी हैं। सेठ चन्दनदास ने राक्षस को अपने घर में रखा है। उस गुप्तचर ने राक्षस के नाम की एक मुद्रा चाणक्य को दी और चला गया। चाणक्य ने एक पत्र लिखा और सिद्धार्थ द्वारा शकटदास से उसकी प्रतिलिपि करवायी तथा प्रतिलिपि

को राक्षस की मुद्रा से मुद्रित कर सिद्धार्थ को देकर समझाया कि तुम वध-स्थान पर चले जाओ और वहाँ जाकर वधिकों को डाँटकर भगा देना और शकटदास को भगाकर राक्षस के पास ले जाना। राक्षस अपने मित्र के प्राणों का रक्षक समझकर तुम्हें पारितोषिक देना चाहेगा। तुम पारितोषिक के बदले उसी की सेवा में रह जाना। चाणक्य ने सिद्धार्थ के कान में कुछ कहकर उसे बिदा किया। प्रतिहारी से यह सूचना पाकर कि महाराज चन्द्रगुप्त पर्वतक का श्राद्ध करके उनके आभूषणों का दान कर देना चाहते थे, चाणक्य ने उस दान को लेने के लिए विश्वासु आदि तीन भाइयों को नियुक्त कर दिया और अपने शिष्य शार्ङ्गरव से कालपाशिक और दण्डपाशिक के पास दो आदेश भेजे हैं—1. क्षपणक जीवसिद्धि पर यह दोषारोपण कर नगर से निकाल दें कि उसने राक्षस के कहने पर विषकन्या का प्रयोग कर पर्वतक को मार डाला है और 2. शकटदास पर यह दोष लगा कर कि यह नित्य मेरे विरोध में कार्य करता है उसे फाँसी दे दो। चाणक्य ने आदेश भेजकर सेठ चन्दनदास को बुलवाया और उसके आने पर उससे राक्षस को सौंपने के लिए कहा। सेठ ने कहा कि राक्षस मेरे घर में नहीं है, यदि वह हो भी तो मैं उसे सौंप नहीं सकता। बात हो ही रही थी कि नेपथ्य में क्षपणक के देश-निष्कासन और शकटदास की फाँसी का समाचार सुनाई देता है। चाणक्य ने सेठ से कहा—चन्द्रगुप्त किसी को क्षमा नहीं कर सकता, अतः राक्षस को सौंप दो। सेठ अपनी बात पर अड़ा रहा, इस पर चाणक्य ने नाराज होकर विजयपाल से कह कर उसकी सारी संपत्ति जब्त करा ली और उसे कारागार में भेज दिया। पुनः नेपथ्य से सूचना मिली कि बध-स्थान से शकटदास को लेकर सिद्धार्थक, भागरायण, भद्रभट आदि भाग गये। चाणक्य को यह सब अभीष्ट ही था क्योंकि उसी के संकेत पर यह हो रहा था।

द्वितीय अंक

राक्षस बैठे-बैठे मन में सोच रहा था कि मैंने अपने परिवार को सेठ चन्दनदास के घर छोड़ दिया और चन्द्रगुप्त की हत्या करवाने एवं शत्रु पक्ष में भेद पैदा कराने का भार शकटदास पर छोड़ रखा है। विपक्ष का समाचार जानने के लिए जीवसिद्धि को नियुक्त कर दिया गया है। इतने में मलयकेतु का कञ्चुकी आया और मलयकेतु का आभूषण राक्षस को पहना कर चला गया। इसी बीच राक्षस का गुप्तचर विराध गुप्त, जो सँपेरा के रूप में घुमा करता था, कुसुमपुर का समाचार लेकर आया, उसने राक्षस को बताया कि पाटलिपुत्र पर चारों ओर से घेरा पड़ जाने पर सर्वार्थसिद्धि सुरंग से भागकर तपोवन में चले गये। आप भी नन्द-साम्राज्य की पुनः स्थापना के लिए सुरंग

से ही निकल आयें। प्रर्वतक को विषकन्या के प्रयोग से मरवा डालने के बाद भयाक्रान्त मलयकेतु भी पाटलिपुत्र से भाग गये। तदनन्तर एक दिन चाणक्य ने नन्द-भवन में चन्द्रगुप्त के प्रवेश कराने की तिथि निश्चित की। इतने में शिल्पियों ने आकर चाणक्य को सूचित किया कि चन्द्रगुप्त की प्रवेश तिथि का अनुमान कर दारुवर्मा ने पूरब का द्वार सजा दिया है। चाणक्य ने दासवर्मा की चाल ताड़ ली और आधी रात को एक ही आसन पर वैरोचक और चन्द्रगुप्त को बैठाकर रज्याभिषेक कर दिया। नन्दभवन में प्रवेश करते समय चनद्रगुप्त की हथिनी चन्द्रलेखा पर पर्वतक के भाई बैरोचक को बैठाया। दारुवर्मा की योजना यह थी कि जब चन्द्रगुप्त प्रवेश करने लगे उसी समय तोरणयन्त्र गिराकर मार डाला जाय किन्तु उसकी हथिनी पर बैरोचक बैठा था अतः उसे ही सब चन्द्रगुप्त समझने लगे। इधर राक्षस द्वारा नियुक्त महावत वर्वरक भी भ्रम में ही था, अतः चन्द्रलेखा पर चढ़े वैरोचक को चन्द्रगुप्त समझकर सोने की छड़ी से ज्योंही तलवार खींचने लगा कि हथिनी थोड़ा दौड़ गयी और उसकी पहली धीमी चाल के अन्दाज पर दारुवर्मा ने तोरण यन्त्र गिराया, फलतः चन्द्रगुप्त और वैरोचक दोनों बच गये और वर्वरक ही मारा गया। दारुवर्मा डर गया कि मैं अब मार दिया जाऊँगा। अतः यन्त्रतोरण की कील निकाल कर वैरोचक को चन्द्रगुप्त के भ्रम में मार डाला। इतने में वैरोचक के पीछे चलनेवाली जनता ने ढेले मार-मार कर दारुवर्मा के प्राण ले लिए। अभयदत्त नामक वैद्य जो चन्द्रगुप्त को विषमिश्रित औषधि पिलाकर मारनेवाला था उसे, संदेह होने पर वही औषधि पिलाकर मार डाला गया। शयन-कक्ष का अधिकारी प्रमोदक भी मार दिया गया। दीवाल में सुरंग बनाकर रहने वाले वीभत्सक नारादि के घर में ही आग लगा दी गयी। क्षपणक जीवसिद्धि को देश से निकाल दिया गया। शकटदास को षड्यन्त्र के आरोप में फाँसी की सजा दे दी गयी। चन्दनदास को सपरिवार जेल भेज दिया गया। इतने में सिद्धार्थक के साथ शकटदास आये और उन्होंने बताया कि इस सिद्धार्थक ने ही मुझे शूली से बचाया है। राक्षस सिद्धार्थक से बहुत प्रसन्न हुआ और मलयकेतु को कञ्चुकी ने जो आभूषण पहनाया था उसे उतार कर उसने पारितोषिक में दे दिया। सिद्धार्थक ने आदर से उसे स्वीकार कर लिया, किन्तु कहा कि मैं आपकी ही सेवा में रहना चाहता हूँ अतः अभी मैं इस मुद्रा से मुद्रित कर यह आभूषण यहीं आपके पास रख देना चाहता हूँ। राक्षस ने मुद्रा देखकर आश्चर्य व्यक्त किया और शकटदास से कहा कि इसी मुद्रा से तुम राजकाल करो। सिद्धार्थक राक्षस की सेवा में रह गया। विराध गुप्त ने बताया कि आजकल चन्द्रगुप्त पहले की तरह चाणक्य की आज्ञा

नहीं मानता। दोनों में मनोमालिन्य हो गया है। राक्षस ने विराध गुप्त को यह कहकर कुसुमपुर भेजा कि यह संदेश स्तनकलश से कहना और अपनी स्तुतियों से चाणक्य और चन्द्रगुप्त के भेद को बढ़ाते रहना और कोई विशेष समाचार हो तो करभक से भेजते रहना। इतने में शकटदास से यह जानकर कि तीन आभूषण विकने के लिए आये हैं, राक्षस ने खरीद लेने की आज्ञा दी। करभक को कुसुमपुर भेज दिया और इस आशा में था कि चन्द्रगुप्त चाणक्य से अलग हो जाएगा।

तृतीय अंक

चाणक्य चाहता था कि किसी प्रकार यदि राक्षस मलयकेतु को छोड़कर चन्द्रगुप्त के पक्ष में हो जाता तो अच्छा होता। अतएव उसने चन्द्रगुप्त से बनावटी कलह की योजना बनायी। राजा चन्द्रगुप्त ने कौमुदी-महोत्सव मनाने और इस अवसर पर पाटलिपुत्र को सजाने की आज्ञा दी थी किन्तु आज्ञा का पालन न देखकर पता लगाया तो ज्ञात हुआ कि चाणक्य ने उसका निषेध कर दिया है। उसने चाणक्य को बुलवाया और उससे निषेध का कारण जानना चाहा। चाणक्य ने यह कहकर टालना चाहा कि यह कार्य मंत्री का है और तुम मंत्री के अधीन रहनेवाले राजा हो, अतः तुम पूछने के अधिकारी नहीं। इसी बीच दो बैतालिक राजा की स्तुति करने लगे। उन दोनों में स्तनकलश राक्षस का आदमी था, अतः चन्द्रगुप्त को भड़काने की बात कर रहा था। इसे चाणक्य ने पहचान लिया। राजा प्रसन्न होकर दोनों को पुरस्कार देना चाहता था किन्तु चाणक्य ने वैसा करने से भी रोक दिया। चन्द्रगुप्त ने अप्रसन्न होकर कहा कि आप पग-पग पर हस्तक्षेप करते हैं। चाणक्य क्रोधाभिभूत हो उठा और जाना ही चाहता था कि राजा ने पूछा कि आप इस उत्सव के निषेध का कारण क्यों नहीं बतातें? चाणक्य ने कहा—हमारे गजाध्यक्ष भद्रभट, अश्वाध्यक्ष पुरुषदत्त, डिंगरात, बलदेवगुप्त, राजसेन, सेनापति सिंहबल का अनुज भागुरायण, लोहिनाक्ष और विजयवर्मा आदि मलयकेतु से मिलकर हम लोगों पर आक्रमण करने की तैयारी में हैं, अतः उत्सव का अवसर न समझकर निषेध किया है, चन्द्रगुप्त ने कहा कि मलयकेतु भाग गया। राक्षस भाग गया और आप कुछ न कर सके, आपसे अधिक प्रशंसनीय राक्षस है। यह सुनकर चाणक्य आगबूला हो गया और तलवार रखकर कहा कि यदि राक्षस प्रशंसनीय है तो उन्हें ही यह कार्य-भार दे दो। चन्द्रगुप्त ने कञ्चुकी से कहा कि यह घोषणा कर दी जाय कि चाणक्य मंत्री के पद से हटा दिये गये और मैं स्वयं राज-काज देखूँगा। कञ्चुकी थोड़ा घबड़ाया। राजा ने पूछा—क्या सोचते हो? उसने यही कहा कि आज महाराज महाराज

हुए। राजा मन ही मन बहुत प्रसन्न हुआ कि जब कञ्चुकी इस कृत्रिम कलह को सत्य मानता है तो लगता है आचार्य चाणक्य की राजनीति सफल है।

चतुर्थ अंक

रात के अधिक देर तक जागने के कारण राक्षस के सिर में पीड़ा हो रही थी। वह शयनागार में ही पड़े-पड़े सोच रहा था कि जैसी भी योजना बनाता हूँ चाणक्य की कुटिल नीति के आगे सफल नहीं हो पाती। यदि चन्द्रगुप्त और चणक्य में मतभेद हो जाता तो संभवतः सफलता मिलती। इतने में राक्षस का गुप्तचर करभक पाटलिपुत्र का समाचार लेकर आया। इसी बीच भागुरायण के साथ मलयकेतु भी राक्षस से मिलने आया। भागुरायण, चाणक्य का गुप्तचर था किन्तु मलयकेतु का बनावटी मित्र था और यह प्रयत्न करता रहता था कि राक्षस और मलयकेतु में भेद पड़ जाय। मलयकेतु ने भागुरायण से पूछा कि भद्रभट आदि ने जो यह बताया था कि हम लोग राक्षस के कारण आपके आश्रय में नहीं आये हैं प्रत्युत शिखरसेन के कारण आये हैं, इसका क्या अभिप्राय है? भागुरायण ने विपरीत ही अर्थ करते हुए बताया कि यह सत्य है क्योंकि राक्षस का मूल वैर चाणक्य से है, चन्द्रगुप्त से नहीं। अतः संभव है कि चन्द्रगुप्त चाणक्य को मंत्रिपद से हटा दे और राक्षस अपने मित्र चन्दनदास के लिए चन्द्रगुप्त से सन्धि कर ले। ये बातें यदि सच्ची हो जायँ तो आप हम पर अविश्वास न करें, इसलिए मैं सत्य कहता हूँ। बात करते-करते मलयकेतु और भागुरायण आये उन लोगों को ज्ञात हो गया कि करभक राक्षस को कुसुमपुर का वृत्तान्त बता रहा है। दोनों छिपकर सुनने लगे। करभक कह रहा था—चाक्य ने कौमुदी-महोत्सव का निषेध कर दिया। चन्द्रगुप्त को अच्छा नहीं लगा। चन्द्रगुप्त आपकी (राक्षस की) प्रशंसा करने लगा। चाणक्य क्रुद्ध हो गया। चन्द्रगुप्त ने चाणक्य को मंत्रीपद से हटा दिया। चाणक्य पाटलिपुत्र में ही रह रहा है। सुना है शीघ्र ही तपोवन में चला जायगा। राक्षस को करभक की बातों पर विश्वास नहीं हुआ। वह पूछता था कि कौमुदी-महोत्सव के निषेध के अतिरिक्त कोई और कारण चाणक्य के हटाने में होगा। भागुरायण अपने मनोनुकूल राक्षस और करभक की बातों की व्याख्या करके मलयकेतु को समझाता था। भागुरायण ने समझाया कि मुझे तो पहले ही संदेह था। चाणक्य मंत्री पद से हटा दिये गये, किन्तु राक्षस का मत था कि इसका कारण उत्सव का निषेध नहीं, कुछ अन्य कारण होना चाहिए, भागुरायण ने कहा कि वह अन्य कारण यही हो सकता है कि चन्द्रगुप्त अब राक्षस को ही मंत्री पद पर आसीन करे। मलयकेतु के मन में पूर्ण संदेह हो गया। राक्षस

के पास से करभक और शकटदास के चले जाने पर मलयकेतु और भागुरायण राक्षस के पास गये और सिरदर्द का हाल पूछा। मलयकेतु ने चन्द्रगुप्त पर आक्रमण का अवसर जानना चाहा तो राक्षस ने कहा—अब आक्रमण कर देना चाहिए क्योंकि चाणक्य से चन्द्रगुप्त अलग हो गया है और चन्द्रगुप्त सचिवायत्त सिद्धि (मंत्री के भरोसो रहनेवाला) राजा है, अतः विजय निश्चित है। मलयकेतु ने अपनी सेना की प्रशंसा की और चला गया। राक्षस आक्रमण का मुहूर्त्त किसी ज्योतिषी से जानना चाहता था, इतने में क्षपणक जीवसिद्धि आ गया। वह ज्योतिषी भी था। उसने मुहूर्त बताया। राक्षस ने जब कहा कि अन्य ज्योतिषियों से भी परामर्श करके यह निश्चय किया जाय, इस पर क्षपणक कुपित होकर चला गया।

पंचम अंक

चाणक्य का गुप्तचर सिद्धार्थक, जो अब राक्षस की सेवा में रहा रहा था, एक दिन राक्षस द्वारा प्राप्त आभूषण लेकर पाटलिपुत्र जा रहा था कि रास्ते में क्षपणक जीवसिद्धि मिला। उसने बताया कि बिना भागुरायण की मुद्रा प्राप्त किए कोई पाटलिपुत्र नहीं जा सकता। मैं भी मुद्रा लेने जा रहा हूँ। सिद्धार्थक ने बताया कि वह अमात्य राक्षस का सेवक है, अतः मुद्रा की आवश्यकता नहीं। दोनों चले गये। क्षपणक भागुरायण के पास मुद्रा लेने आया। उसी समय मलयकेतु भागुरायण से मिलने आया किन्तु भागुरायण और जीवसिद्धि के बीच बातें हो रही हैं यह जानकर छिप गया और सुनने लगा। जीवसिद्धि ने भागुरायण से कहा कि मैं राक्षस से मुक्त होकर दूर रहना चाहता हूँ क्योंकि पाटलिपुत्र में निवास के समय मैं राक्षस का मित्र हो गया और राक्षस ने इसी मित्रता का लाभ उठाकर मेरे द्वारा विषकन्या का प्रयोग कर पर्वतक का वध कराया। इसीलिए चाणक्य ने मुझे देश से निकाल दिया। अब भी राक्षस चुप नहीं है। यह सुनकर मलयकेतु को विश्वास हो गया कि राक्षस ने पर्वतक की हत्या करायी है। भागुरायण ने जीवसिद्धि से कहा कि आप मुद्रा ले लीजिए और इन बातों को चलकर मलयकेतु से कह दीजिए। इतने में प्रकट होकर मलयकेतु ने कहा—मैंने हृदय-विदारक समाचार और राक्षस का विश्वासघात दोनों को सुन लिया है। भागुरायण ने मलयकेतु को समझाया कि नन्दराज्य को वापस होने तक आप राक्षस को कुछ भी न कहें। दोनों बातें कर ही रहे थे कि बिना मुद्रा के बाहर जाने का प्रयत्न करनेवाले सिद्धार्थक को पकड़कर भागुरायण और मलयकेतु के समक्ष लाया गया। सिद्धार्थक के हाथ में एक पत्र था उसे लेकर भागुरायण मलयकेतु को दिखाता है और सिद्धार्थक के उचित उत्तर न देने के कारण उसको पिटवाता है। इस पिटाई में ही सिद्धार्थक के बगल से एक

आभूषण की पेटी गिर पड़ी। यह राक्षस की मुद्रा से मुद्रित पेटी भी मलयकेतु के सम्मुख लायी गयी। उस पेटी में वही आभूषण था जिसे मलयकेतु ने राक्षस को भेजा था। पूछने पर सिद्धार्थक ने बताया कि यह पत्र और पेटी देकर राक्षस ने मुझे चन्द्रगुप्त के पास भेजा है। पत्र के पढ़ने पर उसमें कहीं से कोई भी किसी विशिष्ट पुरुष से कुछ भी निवेदन का अर्थ तो न लग सका, किन्तु पत्र के अन्त में यह स्पष्ट था कि आपने जो तीन आभूषण भेजे, वे मिल गये। हमने भी पत्र के साथ कुछ भेजा है और अति विश्वासपात्र सिद्धार्थक से मौखिक भी सुनें। सिद्धार्थक ने डरवाने पर यह बताया कि राक्षस ने यह मौखिक संदेश कहलवाया है कि तीन आभूषण मिले, मेरे तीन मित्र, चित्रवर्मा, सिंहनाद और पुष्कराक्ष मलयकेतु का राज्य चाहते हैं, सिन्धुसेन गजसेना चाहता है और मेघनाद कोष का इच्छुक है, अतः मेरे इन पाँचों मित्रों की कामना पूरी करें। मलयकेतु ने सुनकर कुछ सोचा और राक्षस को बुलाने के लिए प्रतिहारी को भेजा। राक्षस उधर युद्ध के लिए व्यूह-रचना का प्रकार सोच रहा था। प्रतिहारी से सूचना पाकर राक्षस आने को तैयार हुआ और जो तीन आभूषण खरीदे गये थे उनमें से एक को पहन लिया। राक्षस मलयकेतु के पास गया। मलयकेतु ने राक्षस से आक्रमण की योजना जाननी चाही। राक्षस ने बताया कि वह स्वयं आगे रहेगा, उसके पीछे खश और मगध की सेनाएँ, मध्य में गान्धार और अन्त में चीन, हूण, शक आदि और चित्रवर्मा आदि पाँच राजा मलयकेतु की रक्षा करेंगे। मलयकेतु को पुनः एक और संदेह हुआ कि जो मेरे शत्रु हैं वे ही मेरे रक्षक बनाये गये हैं।

मलयकेतु ने राक्षस से पूछा कि आपने सिद्धार्थक को पाटलिपुत्र क्यों भेजा था? भागुरायण ने अवसर पाकर इसे और स्पष्ट कहा—आपने पत्र, आभूषण और मौखिक संदेश के साथ सिद्धार्थक को चन्द्रगुप्त के पास भेजा था। यह सिद्धार्थक है। राक्षस आश्चर्य में पड़ गया और कहा—यह पत्र मेरा नहीं, मुद्रा भी धोखा है और यह आभूषण मैंने सिद्धार्थक को पुरस्कार में दिया था। भागुरायण ने सिद्धार्थक से पूछा कि यह पत्र किसने लिखा? सिद्धार्थक ने शकटदास का नाम लिया। राक्षस कुछ कह न सका, उसे स्वीकार ही करना पड़ा। मलयकेतु ने शकटदास को बुलवाना चाहा किन्तु भागुरायण ने चालाकी से उसे रोककर लेख की प्रतिलिपि मँगवायी। प्रतिलिपि मिल गयी। राक्षस को शकटदास ही पर संदेह हुआ। मलयकेतु ने आभूषण के सबन्ध में कहा कि यह तो मेरे पिता का है? राक्षस के यह कहने पर कि यह खरीदा हुआ है, मलयकेतु को विश्वास हो गया कि यह आभूषण चन्द्रगुप्त द्वारा भेजे गये तीन आभूषणों में से एक है।

मलयकेतु ने क्रुद्ध होकर कहा कि तुमने ही मेरे पिता की हत्या करायी है, इसमें जीवसिद्धि प्रमाण है। राक्षस समझ गया कि जीवसिद्धि भी शत्रु पक्ष का ही गुप्तचर है। मलयकेतु ने चाणक्य के ही गुप्तचर शिखरसेन से चित्रवर्मा आदि पाँचों राजाओं को मार डालने के लिए कहा। वे मार डाले गये। राक्षस भी दुःखी होकर चन्दनदास को छुड़ाने चला गया।

षष्ठ अंक

सिद्धार्थक ने मलयकेतु के शिविर से लौटकर चाणक्य और चन्द्रगुप्त से वहाँ का सारा वृत्तान्त बता दिया। एक दिन सिद्धार्थक अपने मित्र सुसिद्धार्थक से मिला और बताया कि चाणक्य के गुप्तचर भद्रभट, पुरुषदत्त आदि ने मलयकेतु को कैद कर दिया है तथा उसके शिविर से राक्षस भी भाग गया है और पाटलिपुत्र में रह रहा है। सिद्धार्थक ने अपने मित्र सुसिद्धार्थक से यह भी कहा कि चाणक्य की आज्ञा से हम दोनों को सेठ चन्दनदास को वधस्थान पर ले जाकर मार डालना है।

एक दिन राक्षस चन्दनदास का पता लगाने के लिए कुसुमपुर के जीर्ण। उपवन में गया। वह सोच रहा था कि इस समय मेरा भाग्य ही प्रतिकूल है अन्यथा महाराज नन्द के नाश के बाद मैंने पर्वतेश्वर को आधार बनाया और उसके नाश के बाद मलयकेतु को राजा बनाने का विचार किया। किन्तु मेरे सभी प्रयत्न विफल हो गये। इतने में दूसरी ओर एक व्यक्ति, जो वास्तव में चणक्य का गुप्तचर था, फाँसी लगाकर मरने की तैयारी कर रहा था। उसे देखकर राक्षस को सहानुति हो गयी। वह वहाँ गया और उससे फाँसी लगाने का कारण पूछा। उसने बताया कि उसका एक मित्र सेठ विष्णुदास आग लगाकर जल मरना चाहता है क्योंकि उसका एक मित्र सेठ चन्दनदास है, उसने अमात्य राक्षस के परिवार को छिपा रखा है, अतः उसे फाँसी की सजा सुनायी गयी है, उसकी फाँसी के पूर्व ही विष्णुदास मर जाना चाहता है और उसके मरने के पूर्व मैं मर जाना चाहता हूँ। राक्षस ने कहा—जाओ विष्णुदास को जल मरने से रोको, मैं तलवार के बल पर सेठ चन्दनदास को छुड़ा लूँगा, उसको फाँसी न होने पावेगी।

फाँसी लगानेवाले व्यक्ति को पता चल गया कि यह राक्षस है, वह उसके पैरों पर गिरकर प्रार्थना करने लगा कि अमात्य, आप वधस्थान पर तलवार लेकर न जाएँ क्योंकि शकटदास की घटना के बाद बधिक इतने सतर्क हो गये हैं कि यदि कोई अपरिचित व्यक्ति वधस्थान पर चला गया तो अपराधी को तुरंत मार डालेंगें। वह पुरुष

चला गया। राक्षस, चाणक्य की कूटनीति से हतप्रभ हो गया था और उसने निश्चय किया कि मुझे चन्दनदास को छुड़ाने के लिए आत्मसमर्पण कर देना चाहिए।

सप्तम अंक

बधिक सेठ चन्दनदास को वधस्थान पर ले गये। उनकी पत्नी, बच्चे सभी रो रहे थे। चन्दनदास समझ रहे थे कि मैं किसी दुराचरण का अपराधी नहीं हूँ, अपितु मित्र के कार्य के लिए शूली पर चढ़ रहा हूँ, अतः इसमें कोई चिन्ता की बात नहीं। किन्तु उनकी पत्नी चिल्लाकर कहने लगी कि कोई बचाओ, बचाओ। इतने में राक्षस आ गया और बधिकों से कहा कि जाओ दुष्ट चाणक्य से कह दो कि राक्षस आ गया। सूचना पाकर चाणक्य आया और प्रणाम कर कहा—आप चन्द्रगुप्त पर कृपा कीजिए। ये दोनों बधिक नहीं हैं प्रत्युत एक तो सिद्धार्थक आपका सेवक ही है और दूसरा सिद्धार्थक भी राजपुरुष ही है। मैंने ही शकटदास से उसकी गैर जानकारी में वह कूटपत्र लिखवाया था। भद्रभट, जीवसिद्धि आदि सभी मेरे गुप्तचर हैं। फाँसी लगानेवाला पुरुष भी मेरा गुप्तचर था। यह सारी राजनीति मैंने इसलिए की है कि आपका सम्बन्ध चन्द्रगुप्त के साथ सरलता से स्थापित किया जा सके। चन्द्रगुप्त ने राक्षस को प्रणाम किया। और राक्षस ने उसे विजयी होने का आशीर्वाद दिया। चाणक्य ने राक्षस से कहा कि यदि आप वास्तव में चन्दनदास के जीवन की सुरक्षा चाहते हैं तो वह तलवार लेकर चन्द्रगुप्त का अमात्य पद स्वीकार कीजिए। राक्षस ने चुपचाप शस्त्र ग्रहण कर लिया। इतने में एक पुरुष ने आकर सूचित किया कि भद्रभट, भागुरायण आदि के द्वारा कैद मलयकेतु आया है। उस पुरुष से चाणक्य नेकहा कि अब राक्षस से निवेदन करो। राक्षस ने कहा कि में कुछ दिनों तक मलयकेतु के यहाँ रह चुका हूँ अतः इसके प्राण न लिए जायँ। चन्द्रगुप्त ने मलयकेतु को जीवनदान दिया और अपने पैतृक राज्य पर उसे प्रतिष्ठित कर दिया। अन्त में चाणक्य ने सभी नगरों का नगरसेठ चन्दनदास को बना दिया और दुर्गपाल एवं विजयपाल को आदेश दिया कि सबको बन्धन खोल दिया जाय, केवल मेरी शिखा में ही बन्धन रहेगा, क्योंकि मेरी प्रतिज्ञा पूरी हो गयी, यह कहकर अपनी शिखा बाँध ली।

कर्पूरमञ्जरी

'उपाध्यायो यायावरीयः श्री राजशेखरः' बाल रामायण के इस कथन के आधार पर राजशेखर महाराष्ट्र के यायावर नामक ब्राह्मण या क्षत्रिय जाति में उत्पन्न हुए थे। इनके पिता का नाम दुर्दुरक एवं माता का नाम शीलवती था। इनका विवाह चौहान जाति की अवन्तिसुन्दरी नामक कन्या से हुआ था। ये धन और यश कमाने के लिए कन्नौज चले गये थे। इन्होंने अपने को वाल्मीकि, भर्तृमेण्ठ तथा भवभूति का अवतार माना है—

बभूव वल्मीकभुवः कविः पुरा ततः प्रपेदे भुर्तृमेण्ठताम्।
स्थितः पुनर्यो भवभूतिरेखयी स वर्तते सम्प्रति राजशेखरः।।

बालकवि और कविराज इनकी ये दो उपाधियाँ कर्पूरमञ्जरी में मिलती हैं। राजशेखर ने अपने नाटकों में ही लिखा है कि वे महेन्द्रपाल या निर्भयराज नामक राजा के गुरु थे। महेन्द्रपाल का समय 900 ई0 के आसपास माना जाता है। अतः राजशेखर का समय भी यही मानना चाहिये। राजशेखर ने उद्भट (800 ई0) आनन्दवर्धन (850 ई0) का उल्लेख किया है और यशस्तिलक चम्पू (959 ई0), तिलकमंजरी (1000 ई0) एवं व्यक्तिविवेक (1150 ई0) में राजशेखर का उल्लेख है। अतः राजशेखर का समय दसवीं शताब्दी का प्रारम्भ माना गया है।

राजशेखर ने बाल रामायण, बाल भारत, कर्पूरमंजरी और विद्धशालभंजिका ये चार रूपक तथा काव्यमीमांसा नामक एक साहित्य-शास्त्र का ग्रन्थ तथा आचार्य हेमचन्द्र के द्वारा रचित काव्यानुशासन के अनुसार 'हरविलास नामक एक अन्य काव्य ग्रन्थ की भी रचना की थी।

कर्पूरमंजरी प्राकृत में चार अंकों का सट्टक है। सट्टक की विशेषता यह है कि वह सम्पूर्ण रचना प्राकृत में होती है। राजशेखर ने तो यहाँ तक कहा है कि—

परुसा सक्कअबंधा पाउ अबंधो वि होइ सुउमारो।
पुरिसमहिलार्णे जेत्रिअमिहंतरं तेत्तिअमिमाणं।।

अर्थात् संस्कृत की रचनाएँ परुष तथा प्राकृत की रचनाएँ सुकुमार होती हैं। पुरुष और महिला में जितना अन्तर होता है उतना ही इन दोनों भाषाओं में।

इसमें प्रवेशक और विष्कम्भक नहीं होते। इसमें नृत्य और अद्‌भुत रस की प्रधानता होती है। इसके अंकों को जवनिका कहते हैं। अन्य सभी विधान नाटिका के सदृश होते हैं। कर्पूरमञ्जरी में राजा चण्डपाल और कुन्तल राजकुमारी की प्रणय कथा वर्णित है। इसका कथानक अत्यन्त स्वल्प है। चरित्रचित्रण भी महत्व का नहीं है, किन्तु निम्नलिखित कई दृष्टियों से यह महत्त्वपूर्ण है।

केवल प्राकृत में ही रचित यह एकमात्र रूपक है। अभी चन्द्रलेखा नामक एक और प्राकृत सट्टक प्रकाश में आया है। इसमें नान्दी के बाद अन्य रूपकों की भाँति सूत्रधार नहीं आया है प्रत्युत स्थापक आया है। इसकी प्रस्तावना से प्रतीत होता है कि उस समय स्त्री पात्रों का अभिनय स्त्रियाँ करती थीं। इसमें चर्चरी नामक नृत्य का भी प्रयोग हुआ है जिसमें हाव-भाव प्रधान रहता है। कर्पूरमंजरी में भाषा-विज्ञान, पुरातत्त्व एवं ग्रामगीतों के लिए पर्याप्त सामग्री मिलती है।

प्रथम जवनिका

कथावस्तु—राजा चण्डपाल, महारानी, विभ्रमलेखा, विदूषक और अन्य सेवक बैठे थे। राजा और रानी आपस में वसन्तोत्सव एवं मलयानिल का वर्णन कर रहे थे। इसी प्रसंग में वसन्तवर्णन करने की योग्यता पर विदूषक और विचक्षणा एक दूसरे पर आरोप करते हुए लड़ गये। विदूषक नाराज होकर चला गया। पुनः विदूषक भैरवानन्द नाम के एक अद्‌भूत सिद्‌धयोगी को साथ लेकर आया। 'यह अद्‌भुत सिद्धयोगी है', ऐसा ज्ञात होने पर राजा ने कुछ आश्चर्यजनक जादू दिखाने का आग्रह किया। सिद्धयोगी ने कहा—कहिए तो चन्द्रमा को पृथ्वी पर उतार दें; सूर्य के रथ को रोक दें, यक्ष; सुर, सिद्धगणों की स्त्रियों को ला दें, अर्थात् भूमण्डल पर कोई ऐसा कार्य नहीं है जिसे मैं नहीं कर सकता। यह सुनकर विदूषक ने निवेदन किया कि आप विदर्भ नगर की राजकुमारी को सबके समक्ष ला दीजिए। भैरवानन्द ने मोरपंखी घुमाकर उसे बुला दिया। राजा उसके सौन्दर्य पर मुग्ध हो गये और उससे प्रेम करने लगे। यह लायी गयी राजकुमारी कर्पूरमंजरी विभ्रमलेखा की मौसी शशिप्रभा और मौसा वल्लभराज की पुत्री थी, अतः रानी भी प्रसन्न हुई। उसने भैरवानन्द से प्रार्थना की कि कर्पूरमंजरी को कुछ दिनों के लिए मेरे पास ही रहने दे। भैरवानन्द ने इसे स्वीकार कर लिया।

द्वितीय जवनिका

एक दिन कर्पूरमंजरी की याद में राजा बैठे थे एवं उसके सौन्दर्य की बार-बार प्रशंसा कर रहे थे कि विदूषक और विचक्षणा आये। कर्पूरमंजरी द्वारा लिखा गया एक

केतकी पत्र लेख विचक्षणा ने राजा को दिया और कर्पूरमंजरी की वियोगावस्था का मौखिक वर्णन भी किया। विदूषक ने भी विचक्षणा के सामने कर्पूरमंजरी की वियोगावस्था में राजा की दुर्दशा का वर्णन किया। राजा ने कर्पूरमंजरी का किस-किस तरह श‍ृङ्गार किया? विचक्षणा ने उसके प्रत्येक श‍ृंगार का सविधि वर्णन किया। विचक्षणा के वर्णन के बाद ही राजा और विदूषक दोनों ने कर्पूरमंजरी की शोभा का वर्णन किया। इसी प्रसंग में विदूषक ने राजा को यह सूचित किया कि हिन्दोलन चतुर्थी के अवसर पर आज महारानी गौरी पूजा के बाद कर्पूरमंजरी को झूले पर झुलायेंगी। उसे झूले पर झूलते हुए मरकतकुञ्ज में बैठकर महाराज भी देख सकते हैं। राजा और विदूषक दोनों कदलीगृह में चले गये और वहीं से बैठे-बैठे झूले में झूलती हुईं कर्पूरमंजरी को देखा। कर्पूरमंजरी झूले पर से उतर पड़ी। राजा फिर उसकी याद करता रहा। दोनों मरकतकुंज में बैठे रहे। इसी बीच पूजा का सामान लिए विचक्षणा उधर से निकली। विदूषक और विचक्षणा में कुछ बातें हुईं। विचक्षणा ने कहा कि महारानी ने कुरबक, तिलक और अशोक के तीन वृक्ष लगाए हैं, उन्हीं वृक्षों का दोहद[1] पूरा करने के लिए कर्पूरमंजरी से कहा गया है। महाराज मरकतकुंज में बैठे-बैठे कर्पूरमंजरी को देख सकते हैं। तमालवृक्षों की आड़ में छिपे हुए राजा ने कर्पूरमंजरी को देखा। कर्पूरमंजरी ने कुरबक वृक्ष का आलिंगन किया। तिलक वृक्ष को तिरछी निगाहों से देखा और अशोक वृक्ष पर पाद-प्रहार किया। विदूषक और राजा ने इस दृष्य को बड़े प्रेम और चाव से देखा। सान्ध्यकाल हो जाने पर सब चले गये।

तृतीय जवनिका

राजा रात-दिन कर्पूरमंजरी के ध्यान में ही मग्न रहता था। उसने विदूषक को बताया कि आज स्वप्न में मैंने कर्पूरमंजरी को देखा है। वह शय्या पर आयी किन्तु मैंने उसको हाथ से पकड़ना चाहा, वह हाथ छुड़ाकर भाग गयी। परिणामतः मेरी नींद खुल गयी। विदूषक ने अपना स्वप्न बताया। वह गंगा में सो गया था। मेघों ने उसे निगल लिया। मेघों के गर्भ में छिपा-छिपा वह आम्रपर्णी नदी से मिले हुए समुद्र में चला गया। वहाँ से भाप बनकर बादल बन गया और बादलों से बड़ी-बड़ी बूँदें बरसने लगीं। उन्हीं बूँदों में मैं भी था। समुद्र की सीपियों ने पी लिया। सीपियों के गर्भ में बड़ा मोती बनकर पड़ा रहा। समय आने पर वे सीपियाँ समुद्र से निकालकर फोड़ी गयी और उनमें से मोती निकाले गये। एक सेठ ने उन मोतियों को खरीदा। मोती बने हुए मुझे भी छेदा गया। सच कहता हूँ मुझे बहुत वेदना हुई। उस सेठ ने सभी मोतियों का एक बड़ा हार

बनवाकर पाञ्चाल देश के राजा के हाथ बेंच दिया। राजा ने वह हार अपनी रानी को पहनाया। एक दिन चाँदनी रात में जब राजा ने रानी का प्रगाढ़ालिंगन किया, तब उस हार के एक बड़े मोती के रूप में मैं रानी के स्तनों के नीचे दब जाने के कारण जग गया। विदूषक के इस स्वप्न के बताने के बाद भी राजा और विदूषक में प्रेम, यौवन एवं सौन्दर्य पर बातें चलती रहीं। इसी अवसर पर कर्पूरमंजरी और कुरंगिका की नेपथ्य में हुई वार्ता से यह पता चला कि कर्पूरमंजरी भी राजा के वियोग में व्याकुल थी। इधर से राजा और विदूषक आगे बढ़े। उधर से कर्पूरमंजरी और कुरंगिका आयीं। कर्पूरमंजरी और राजा एक-दूसरे को देखकर स्तब्ध रह गये। राजा ने कर्पूरमंजरी का हस्तस्पर्श किया। कर्पूरमंजरी को पसीने में तर देखकर विदूषक ने वस्त्र से हवा की। संयोग से दीपक बुझ गया। सब लोग सुरंग के रास्ते प्रमोदयान चले गये। राजा ने इस अवसर पद कर्पूरमंजरी का आलिंगन कर लिया। इसी बीच बैतालिक ने चन्द्रेरूप को सूचना दी। उधर रानी को कर्पूरमंजरी से राजा के मिलने का वृत्तान्त ज्ञात हो गया। इसलिए कर्पूरमंजरी घबड़ाकर सुरंग के ही रास्ते से अपने रक्षागृह में चली गयी।

टिप्पणी—1. पादाहतः प्रमदया विकसत्यशोकः शोकं जहाति वकुलो मुखसीधुसिक्तैः।
आलिंगितः कुरबः कुरुते विकासमालोकितस्तिलकोत्कलिकौ बिभाति।।
आलिंगितेनैव मृगायताक्ष्या प्रफुल्लतां वै तिलकः प्रयाति।
अशोकशास्त्री पुनरङ्घ्रिपातैविवेकशाली विरलो हि लोके।।

चतुर्थ जवनिका

राजा और विदूषक आपस में ग्रीष्म की प्रखरता की चर्चा कर रहे थे। अब भी राजा कामदेव के वशीभूत ही थे। उधर रानी ने कर्पूरमंजरी को बड़े कठोर नियन्त्रण में रखा था। चारो तरफ पहरेदार लगा दिए थे। किसी दिन रानी की ओर से सारंगिका ने केलिविमानप्रासाद पर चढ़कर वटसावित्री महोत्सव देखने के लिए महाराज को निमन्त्रण दिया। राजा और विदूषक दोनों वहाँ गये। वहीं पर रानी के कथनानुसार सारंगिका राजा के पास सन्देश लायी कि आज सायंकाल राजा का विवाह होगा। राजा ने सारंगिका से सारी बातें विस्तार से कहने के लिए कहा। सारंगिका ने बताया कि रानी ने गौरी की प्रतिमा बनवाकर भैरवानंद से उसमें प्राण-प्रतिष्ठा करायी और स्वयं उनसे दीक्षा ली है। जब रानी ने इस कार्य के लिए भैरवानंद से गुरुदक्षिणा लेने के लिए आग्रह किया तो सिद्धयोगी भैरवानन्द ने यही गुरुदक्षिणा माँगी कि लाट देश के राजा चण्डसेन की पुत्री घनसारमंजरी का राजा से विवाह करा दो। भैरवानन्द ने यह भी

रहस्य उद्घाटित किया कि उसका जिससे विवाह होगा वह राजा होगा। जब इस विवाह के हो जाने से महाराज चक्रवर्ती हो जायँगे तब मुझे भी दक्षिणा मिल जायेगी। अतएव रानी ने मुझे आपके पास भेजा है। सत्य बात यह थी कि रानी इस भ्रम में थी कि घनसारमंजरी कर्पूरमञ्जरी से भिन्न दूसरी कन्या है और रानी की जानकारी में ही घनसामंजरी का राजा के साथ विवाह हो गया। पुरोहित (विदूषक) ने राजा से कहा—'अपने हाथ से कर्पूरमंजरी का हाथ पकड़ो।' रानी ने चौंककर कहा—'कर्पूरमंजरी कहाँ है? भैरवानन्द ने पुरोहित से कहा—'तुम तो भूल में ही घनसारमंजरी को कर्पूरमंजरी का दूसरा नाम समझते हो'। राजा ने हाथ पकड़ लिया। अग्नि की परिक्रमा की। विवाह-कार्य सम्पन्न हो गया और राजा ने भैरवानन्द को सौ गाँव दक्षिणा में दिये। भैरवानन्द ने राजा से पूछा—'आपकी और कोई इच्छा है?' राजा ने कहा—'मुझे अब क्या चाहिए? स्वर्ग से भी बढ़कर कर्पूरमंजरी के करस्पर्श का निरतिशय आनन्द और यह चक्रवर्ती पद दोनों अत्यन्त मूल्यवान् हैं तो भी सारे सज्जनवृन्द सत्यभाषण तथा सदाचार में आनन्द का अनुभव करें। दुष्ट लोगों का दुख से गला न छूटे, ब्राह्मणों के आशीर्वाद सच हों, समय से उचित वर्षा हो, जनता में लोभ न हो तथा धर्म में दृढ़ आस्था हो, बस यही।

प्रबोधचन्द्रोदय

प्रबोधचन्द्रोदय नाटक के रचयिता श्रीकृष्ण मिश्र हैं। इन्होंने अपने नाटक के प्रारम्भ में गोपाल नाम के सामन्त-शिरोमणि या राजा का उल्लेख किया है। इसी आधार पर विद्वान् लोगों ने इनके काल का निर्णय करने का प्रयत्न किया है। जेजक मुक्ति नाम के प्रदेश के राजा कीर्त्तिवर्मा थे। उनको चेदि के कर्ण ने हरा दिया, किन्तु पुनः गोपाल नाम के सेनानी या राजा ने कर्ण को हराकर कीर्तिवर्मा को गद्दी पर बैठाया। इसी राजा कीर्तिवर्मा के दरबार में प्रबोध चन्द्रोदय नाटक 1065 ई० में खेला गया था और 1042 ई० में कर्ण ने कीर्तिवर्मा को हराया था, अतः इन तिथियों के पूर्व ही श्रीकृष्ण मिश्र की स्थिति मानी जाती है। कीर्तिवर्मा जेजक मुक्ति नामक प्रदेश के थे जो किसी के मत से बिहार में और किसी के मत से बुन्देलखण्ड में है। जेजक मुक्ति नामक प्रदेश का बिहार में होना तथा नाटककार का मिश्र होने के आधार पर अधिकांश विद्वान् इन्हें मैथिल ब्राह्मण मानते हैं। इन्हें कुछ ऐतिहासिकों ने दण्डी संन्यासी भी माना है।

इस नाटक को छायानाटक, भावनाटक या प्रतीकनाटक इसलिए कहा जाता है कि इसके पात्र—मन, प्रवृत्ति, निवृत्ति, काम, क्रोध, यम, नियम आदि भावात्मक है। उन्हीं को मूर्त्त पात्रों की भाँति उपस्थित किया गया है। इस नाटक में सिद्धान्ततः अद्वैत वेदान्त एवं विष्णुभक्ति के समन्वात्मक रूप का प्रतिपादन किया गया है। नाटककार ने यद्यपि सभी धर्मों, आचारों आदि का वर्णन किया है, किन्तु किसी के अनादर या उपेक्षा का भाव नहीं है। हाँ इतना सत्य है कि इन धर्मो आचारों पद्धतियों आदि के नाम पर इनमें जो ढोंगी आ गये हैं उनकी कटु किन्तु सत्य आलोचना करने में भी नाटककार नें कोर-कसर नहीं छोड़ी है। भावों को ही पात्र बनाने पर भी नाटकीयता में कहीं दोष नहीं आ पाया है। नाटककार का भावपक्ष, कलापक्ष या नाट्यशास्त्र का नियमानुसार सभी सराहनीय है। इनकी सफलता का यह प्रमाण यथेष्ट है कि इन्हीं के अनुसरण पर संस्कृत-साहित्य में संकल्प सूर्योदय, चैतन्य चन्द्रोदय, वेद्यापरिणयम्, जीवानन्दनम्, मोहराज पराजय आदि अनेक नाटक लिखे गये। इसमें शृङ्गार, हास्य आदि के वर्णन के साथ ही शान्तरस का प्रधान होना नाटककार का नवीन प्रयोग माना जाता है।

कथावस्तु—मन की दो पत्नियाँ थीं—प्रकृति और निवृत्ति। प्रवृत्ति का पुत्र मोह

और निवृत्ति का पुत्र विवेक है। दोनों पुत्रों में महान् बैर था। मोह के पक्ष में काम, क्रोध, तृष्णा, लोभ, हिंसा आदि तथा विवेक के पक्ष में शान्ति श्रद्धा आदि थे। आये दिन दोनों पक्षों में विवाद हो जाया करता था। दोनों पक्ष प्रबल थे। काम की स्त्री रति ने अपने पति से कहा कि मोह का प्रतिद्वन्द्वी विवेक बड़ा प्रभावशाली है, अतः मोह के लिए सदा खतरा है। काम ने रति को समझाया कि तुम स्त्री-सुलभ भोलेपन के कारण ऐसा कह रही हो। विवेक के यम, नियम आदि जो मन्त्री हैं उनको पथभ्रष्ट कर बहकाने में हम लोगों का पक्षपाती चित्तविकार ही पर्याप्त है और चित्तविकार के साथी मद, मात्सर्य आदि भी तो हम लोगों के पक्ष में हैं, अतः कोई भय नहीं है। रति ने कहा कि आप लोगों का वंश तो एक ही है, फिर यह विवाद क्यों नहीं शान्त कर लिया जाता। काम ने कहा—वंश की बात करती है, हम लोग एक ही पिता की सन्तानें हैं, किन्तु जानती हो विषय का मद सहोदरों में भी विरोध करा देता है। इस संसार को हमारे पिता मन ने अर्जित किया। हम लोग पिता के बहुत प्रिय थे। उन पर हम लोगों का पूर्ण अधिकार था। विवेक को यह सहन न हो सका। उसने हम लोगों के साथ ही पिताजी को भी उखाड़ फेंकने की ठान ली। सुनकर रति को आश्चर्य हुआ कि विद्वेष के वशीभूत होकर लोग इतना अधिक पाप करने के लिए उतारू हो जाते हैं। काम ने बताया कि अभी इस वंश में विद्या नाम की राक्षसी पैदा होने वाली है और यदि वह पैदा हो गयी तो सारे वंश का उच्छेद कर देगी, किन्तु काम ने यह भी आश्वासन दिया कि मेरे रहते उसका जन्म संभव नहीं है। उधर विवेक अपनी पत्नी मति से बातचीत के प्रसंग में यह बता रहा था कि काम मुझे बदनाम करने पर तुला हुआ है, किन्तु उसने जिस नित्यशुबुद्ध पुरुष को बाँध रखा है उसी की मुक्ति का उपाय मैं सोच रहा हूँ। कौन दुराचार-प्रिय है, इसका निर्णय संसार के लोग करेंगे। मति ने पूछा—प्रियवर, पुरुष तो सदा आनन्दमय है, वह कैसे इन सबों के बन्धन में आ गया? विवेक ने बताया—प्रिये, स्त्रियों का चक्कर बड़ा प्रबल होता है, पुरुष माया के फेर में पड़कर बन्धन में पड़ गये हैं। मति ने पूछा कि उनके उद्धार का कोई उपाय है? विवेक ने उत्तर दिया—थोड़ा धैर्य रखो, जब उपनिषद् से हमारा समबन्ध होगा तभी ज्ञान उत्पन्न होगा और मुक्ति मिलेगी।

द्वितीय अंग

मिथ्या दृष्टि ने श्रद्धा को बहकाकर दुष्टों के फेर में डाल दिया था। उसकी बेटी शान्ति उसे वन, पर्वत, नदीतट एवं पुण्यशील आश्रमों में रोती हुई खोजती फिरती थी। शान्ति को यह चिन्ता थी कि बिना मेरे मेरी माँ भला कैसे जी रही होगी। इतने में शान्ति

की प्रिय सखी करुणा मिल गयी। करुणा ने शान्ति को बहुत समझाया और सुझाव दिया कि पाखण्डाश्रमों में चलकर श्रद्धा को ढूंढ़ना चाहिए। दोनों उन धर्मों के पाखण्डियों के आश्रमों में गयीं। एक जगह दिगम्बर जैन साधुओं एवं बौद्ध भिक्षुओं को देखा। वे लोग अपने धर्म की श्रेष्ठता और अन्य धर्मों की हीनता का बयान कर रहे थे। वहाँ एक श्रद्धा थी किन्तु वह शान्ति की माँ सात्विकी श्रद्धा न होकर तामसी श्रद्धा थी। यही नहीं जैन साधु और बौद्धभिक्षु अपने अपने धर्मों की श्रेष्ठता बताते-बताते आपस में शास्त्रार्थ भी कर बैठते थे तथा दोनों अपने को श्रेष्ठ और दूसरे को हीन सिद्ध करने का प्रयास कर रहे थे। वह श्रद्धा को न पाकर आगे बढ़ी और कापालिक रूपधारी सोमसिद्धान्त को देखा। संयोग से उसी समय सोमसिद्धान्त के पास जैन और बौद्ध साधु भी आ गये। दोनों ने सोमसिद्धान्त से उसके दर्शन के सम्बन्ध में प्रश्न किया। उसने बातया कि हम लोग मस्तिष्क, आँत, मज्जा आदि से युक्त नरमांस की आहुति करते हैं, ब्रह्मकपाल स्थित सुरापान से पारण करते हैं, और सद्यः खण्डित कण्ठ से निकलते हुए खून की धारवाली नरबलि से हम महाभैरव की अर्चना करते हैं। इस पर दोनों साधुओं ने कुछ परिहास किया। कापालिक ने अप्रसन्न होकर कहा कि इन दोनों का हृदय श्रद्धा से भरा है, अतः श्रद्धा को बुलाता हूँ। बुलाकर कहा कि इन दोनों अश्रद्धालुओं का आलिङ्गन करो। उसने आलिङ्गन किया। दोनों कामावेश से रोमाञ्चित होकर बैठ गये। बाद में कापालिक ने दोनों को अपना और श्रद्धा की जूठी मदिरा का पान कराया। दोनों ने इस लौकिक आनन्द को ही सत्य मान लिया और कापालिक का शिष्यत्व स्वीकार कर लिया। करुणा ने शान्ति को बताया कि यह श्रद्धा राजसी है, तुम्हारी माँ नहीं। कापालिक और जैनभिक्षु की बात से यह पता लगा कि धर्म और श्रद्धा दोनों विष्णुभक्ति आश्रम में हैं। सुनकर कापालिक ने आकर्षण विद्या से दोनों को आकर्षित करना चाहा।

चतुर्थ अंक

मैत्री और श्रद्धा दोनों बैठी थीं। मैत्री ने श्रद्धा से पूछा—श्रद्धे मैंने मुदिता से सुना है कि तुम्हें महाभैरवी के पञ्जे से विष्णुभक्ति ने छुड़ाया है। तुम बहुत बुरी तरह उसके चंगुल में फँस गयी थी। श्रद्धा ने कहा कि उसका भयंकर रूप अब भी याद आने पर भय लगता है। मैत्री से श्रद्धा ने पूछा कि तुम चारों बहन आजकल कहाँ रह रही हो? उसने बताया कि हम लोग महात्माओं के हृदय में सुरक्षित हैं। मैत्री ने श्रद्धा से पूछा कि अब कहाँ जा रही हो! श्रद्धा ने बताया कि विष्णुभक्ति की आज्ञा से मैं विवेक के पास जा रही हूँ उनसे यह कहना कि महामोह देवी विष्णुभक्ति को भी अपमानित करना

चाहती है; अतः देवी ने उसको नष्ट करने का निश्चय कर लिया है। विवेक भी काम, क्रोध आदि को जीतने की तैयारी करे। इससे वैराग्य पैदा होगा। देवी भी सहायता करेंगी। ऋतम्भरा आदि देवियाँ शान्ति आदि की कुशलता की सहायता से विवेक और उपनिषद की संगति करा देंगी और उन दोनों से प्रबोध उत्पन्न होगा। विवेक ने आज्ञा पाकर वस्तु-विचार को बुलाया और उसने कहा—मोह के साथ हम लोगों का संग्राम छिड़ गया है। उसका मुख्य योद्धा काम है उसी से आपको लड़ना है। वस्तु-स्थिति विचार कर तैयार हो गये। क्षमा ने क्रोध को जीतने का निश्चय किया और यह सोचा कि क्रोध के पराजित हो जाने पर हिंसा, मद, मान, मात्सर्य, पौरुष्य आदि अपने आप हार स्वीकार कर लेंगे। इसी प्रकार लोभ जीतने के लिए संतोष बुलाये गये। संतोष ने आकर राय दी कि सर्वप्रथम वाराणसी पर ही चढ़ाई की जाय। राजा भी तैयार हो गया।

पंचम अंक

विवेक की सेना ने मोह के पक्ष का संहार कर दिया। श्रद्धा को इससे चिन्ता हुई कि आत्मीयों के इस प्रकार के संहार से तो कुल का ही नाश हो जायगा। श्रद्धा से विष्णुभक्ति और शान्ति मिली। विष्णुशक्ति ने श्रद्धा को वरदान दिया कि मुनियों के हृदय में वास करो। श्रद्धा से यह पूछने पर कि युद्ध का क्या समाचार है? श्रद्धा ने बताया कि वह आदिकेशव के मन्दिर से चली। प्रातः हुआ। दोनों ओर की सेनाएँ आमने-सामने खड़ी थीं। विवेक ने मोह के पास न्यायदर्शन को दूत बनाकर भेजा और संदेश दिया कि मोह देवस्थान आदि को छोड़कर हट जाय अन्यथा उसका सर्वनाश कर दिया जायेगा। संदेश सुनकर मोह अत्यन्त क्रुद्ध हो गया। विवेक की सेना के सामने सरस्वती प्रकट हुई। दोनों ओर की सेना में घोर संग्राम हुआ। मोह की सेना मारी गयी। मोह कहीं जाकर छिप गया। मन ने इस पारिवारिक युद्ध और उस युद्ध में जब मोह के पक्ष का संहार सुना तो उसे अपार कष्ट हुआ। अपने प्यारे बच्चों के मरने का कष्ट तो था ही अपनी प्रिय पत्नी प्रवृत्ति का निधन सुनकर वह विचलित हो उठा। इतने में वैयासिकी सरस्वती आयीं। उन्होंने मन को संसार की वास्तविकता बताकर ढाढ़स बँधाया और उसे वैराग्य में प्रवृत्त कर दिया। मन की पत्नी निवृत्ति बनी रहीं। उनमें ही मन अब शान्ति प्राप्त करने लगा।

शान्ति और श्रद्धा सुख से रहने लगी। श्रद्धा ने शान्ति को विस्तार के नाथ राजकुल का समाचार सुनाया। राजकुल में पुरुष का संबंध माया से बिल्कुल विच्छिन्न हो गया था। नित्यानित्य विचारणा इस समय उसकी पत्नी थी। वह सारी गृहस्थी का

कार्य सुचारु रूप से देखती थीं। वैराग्य के मित्र शाम, दाम आदि सहायक थे। मैत्री आदि परिचारिकाएँ थीं। मुमुक्षा सहचरी थी। श्रद्धा ने यह भी बताया कि यद्यपि मोह हारकर भाग गया है और छिपा रहता है तथापि अपनी दुष्टता नहीं छोड़ता। पुरुष को बहकाने के लिए उसने मधुमती को नियुक्त किया। मधुमती ने एक षड्यन्त्र रचा। उसमें उसने माया, और संकल्प को सम्मिलित किया तथा पुरुष को पथभ्रष्ट करने की सारी योजना बना ली, किन्तु पुरुष के पार्श्ववर्त्ती तर्क ने मायाजाल का पर्दाफाश करके पुरुष को सचेत कर दिया। पुरुष ने विवेक और उपनिषत् को बुला भेजा। वैसे उपनिषत् कुछ विवेक से उदासीन थी। उसका कहना था कि मेरे बुरे दिनों में विवेक ने मेरा साथ नहीं दिया, अतः मैं विवेक के कहने में क्यों रहूँ। शान्ति ने उसे विवेक की विवशता बताकर समझाया। अतः वह विवेक से मिली। इधर उपनिषद् ने पुरुष से मिलकर अपनी बीती बातें सुनाईं और बताया कि मैं मठ, चत्वर, प्राचीन देव-मन्दिरों आदि में अपना दिन गुजार रही थी। वहाँ यह भी देखा कि मेरे अर्थ का अनर्थ कर रहे हैं। मैंने यज्ञ विद्या से आश्रय के लिए निवेदन किया, किन्तु उसने मेरी एक न सुनी और मुझे आश्रय देना इसलिए स्वीकार नहीं किया कि मेरा कार्य ब्रह्म-ज्ञान है और इस अकर्त्ता पुरुष से यज्ञ विद्या को कुछ लेना-देना न था। उपनिषद् ने कहा कि मैं इसी प्रकार आश्रय के लिए मीमांसा, और तर्क विद्या के पास गयी किन्तु सफल न हो सकी। अन्त में हारकर दण्डकारण्य में चली गयी। वहाँ के गदापाणि पुरुषों ने हमारे अनुगामी तर्कों को भगाया। जहाँ विवेक और उपनिषद् बातें कर रहे थे वहाँ विष्णु-भक्ति का संदेश लेकर निदिध्यासन आये और उपनिषद् से कहा कि विष्णु-भक्ति का संदेश है कि देवता संकल्पयोनि होते हैं, अतः प्रणिधान से मुझे पता चला है कि तुम गर्भवती हो, तुम्हारे गर्भ में प्रबोधचन्द्र नाम का पुत्र और विद्या नाम की कन्या है। उनमें से विद्या को संकर्ष नाम की विद्या द्वारा मन के पास कर दो और प्रबोधचन्द्र को पुरुष के हाथ सौंपकर तुम और विवेक दोनों मेरे पास चले आओ। वैसा ही हुआ। प्रबुद्धोदय होने से सबका अन्धकार दूर हो गया और विष्णुभक्ति के प्रसाद से पुरुष को मुक्ति मिल गयी।

प्रसन्नराघव

प्रसन्नराघव सात अंकों का नाटक है। इसके रचयिता जयदेव हैं। नाटक के प्रारम्भ में लिखा होने से ज्ञात होता है कि इनकी माता का नाम सुमित्रा और पिता का नाम महादेव था और ये नैयायिक भी थे। गीतगोविन्द के रचयिता जयदेव इनसे भिन्न हैं, क्योंकि इनकी माता का नाम रामादेवी और पिता का नाम भोजदेव थ। इसी जयदेव को नैयायिक होने के कारण कुछ लोग प्रसिद्ध नैयायिक पक्षधर मिश्र से अभिन्न मानते हैं, किन्तु इस कथन में कोई प्रबल प्रमाण नहीं मिलता। प्रसन्नराघव नाटक के रचयिता जयदेव ही चन्द्रलोक के भी लेखक हैं। ऐतिहासिकों का मत हैं कि ये बंगाल के थे। इनकी उपाधि पीयूषवर्ष थी। चन्द्रलोक के टीकाकार गागाभट्ट ने अपनी राकागम टीका में लिखा है—जयदेवस्यैव पीयूषवर्ष इति नामान्तरम्। सोलहवीं शदी में होनेवाले अलंकार-शेखर के रचयिता केशव मिश्र ने प्रसन्नराघव का "कदली-कदली करभः करभः..." यह श्लोक उद्धृत किया है, अतः जयदेव सोलहवीं शती से पूर्व के हैं। 1363 ई0 में रचित शार्ंगधर-पद्धति में प्रसन्नराघव के श्लोक उद्धृत हैं। 1330 ई0 में होनेवाले शिङ्गभूपाल के रसार्णव सुधाकर में प्रसन्नराघव का निर्देश है। चन्द्रालोक में रूप्यक के अलंकारसवंस्व से अनेक लक्षण लिए गये हैं। अतः जयदेव 1160 के पूर्व के नहीं हो सकते। इस प्रकार इनका समय 12वीं तथा 13वीं शती के मध्य में माना जाता है।

प्रसन्नराघव की कथावस्तु कुछ थोड़े परिवर्त्तनों के साथ रामायण की ही कथा है। प्रथम चार अंकों में रामायण के अयोध्याकाण्ड की कथा, सीता-स्वयम्बर, परशुराम-पराभव आदि थोड़ा हेर-फेर के साथ है। धनुष-यज्ञ में रावण के साथ बाणासुर का भी वर्णन है। गंगा, यमुना और सरयू नदियों के संवाद से बालि और सुग्रीव की कथा ज्ञात होती है। इससे कपट मृग का पीछा करने की कथा ज्ञात होती है। गोदावरी और सागर के संवाद से जानकी-हरण, जटायु-मृत्यु और ऋष्यमूक पर्वत पर जानकी के आभूषण-त्याग का पता चलता है। षष्ठ अंक में रामविलाप और सप्तम में युद्धाकाण्ड की कथा है। नाटक की भाषा सरल एवम् सुबोध है। नाटककार न्यायशास्त्र के भी पण्डित थे, अतः इनकी कविता कहीं-कहीं रुक्ष, क्लिष्ट एवम् कर्कश हो गयी है। इसे नाटककार

अपनी प्रतिष्ठा ही मानते हैं। इनमें कवि की भावुकता उतनी परिपूर्ण नहीं है जितनी कालिदास और भवभूति आदि में मिलती है। शास्त्रीय वैदुष्य और काव्यीय भावुकता एकत्र किसी भाग्यशाली के ही पास संभव है, सर्वसाधारण के वश की बात नहीं। जो हो, प्रसन्नराघव संस्कृत-साहित्य के इतिहास में बाद की रचनाओं में एक प्रतिष्ठित और उल्लेखनीय नाटक है।

कथावस्तु–मिथिला के राजा जनक अपनी पुत्री सीता को विवाह-योग्य देखकर चिन्तित थे। उनके पास शंकरजी द्वारा प्रदत्त कैलास पर्वत से भी भारी त्रिपुरदाहक पुराना पिनाक था। उन्होंने पुत्री के अनुरूप वर प्राप्त करने के लिए स्वयम्बर की योजना बनायी। उसमें शंकर का वह धनुष रखा गया और घोषणा की गयी जो वीर पुरुष इस धनुष पर प्रत्यञ्चा चढ़ा देगा उसी के साथ सीता का विवाह रचा जायगा। स्वयम्बर में सम्मिलित होने के लिए सभी देशों के राजा आमन्त्रित किए गये। आनेवाले अतथियों की व्यवस्था में राजा जनक इतने व्यस्त थे कि रोज-रोज चलनेवाली ब्रह्म-विद्या-गोष्ठी में व्यवधान पड़ रहा था और राजकाज भी शिथिल हो रहा था।

मञ्जरीक और नूपुरक दो चारणों ने स्वयंबर में आये राजाओं की वेशभूषा, आचरण आदि का वर्णन किया और साथ ही यह भी कहा कि शिवधनुष को चढ़ाना बड़ा कठिन कार्य है। इतने में मानव वेषधारी राक्षसराज रावण आ गया और चारणों को डाँटने लगा कि क्या तुम लोग पृथ्वी को वीरविहीन समझ रहे हो। मुझे धनुष दिखाओ, किन्तु पहले कन्या दिखाओ तब.... (पहले कन्या राशि होती है तत्पश्चात् तुला वृश्चिक और धनु) इतने में रावण ने अट्टालिका में खड़ी सीता को देख लिया और सीता के सौन्दर्य से अभिभूत हो उठा। रावण ने धनुष चढ़ाने का प्रयत्न किया, किन्तु सफल न हो सका। अतः उसने सोचा कि जबर्दस्ती सीता को लेकर भाग चलें। जब मञ्जरीक आदि ने उसकी भर्त्सना की तो उसने अपना वास्तविक रूप प्रकट किया, जिससे दोनों चारण भयभीत हो गये। रावण सीता-हरण के लिए प्रवृत्त ही हो रहा था कि इतने में बाणासुर आ गया। अब रावण और बाणासुर दोनों अपने बल एवं प्रताप की प्रशंसा तथा दूसरे के अपकर्ष का वर्णन करने लगे। बाणासुर ने भी धनुष चढ़ाने का प्रयत्न किया, किन्तु विफल रहा। इस पर रावण ने बाणासुर की निंदा की। वह भी रावण को भला-बुरा कहने लगा। थोड़ी देर तक दोनों का वाग्युद्ध हुआ और अन्त में बाणासुर क्रुद्ध होकर नन्दन वन का नाश करने के लिए चला गया। रावण पुनः सीताहरण के लिए प्रयत्न करने लगा किन्तु इतने में मारीच का आर्त्तनाद सुनकर उसे आश्वस्त करने चला गया और दोनों चारण भी राजा जनक को यह समाचार सुनाने चले गये।

द्वितीय अंक

राक्षसों से यज्ञ की रक्षा करने के लिए मुनि विश्वामित्र ने राजा दशरथ से राम और लक्ष्मण को माँगा था। राम ने वन में जाकर यज्ञ में विघ्न उपस्थित करनेवाली ताड़का को मारा और उसके एक पुत्र सुबाहु को भी मार डाला। उसका दूसरा पुत्र मारीच बाण के आघात से दूर जा गिरा। उसकी ही कातर ध्वनि सुनकर रावण दौड़ा था। विश्वामित्र का सारा कार्य सम्पन्न हो गया था, अतः स्वयम्बर देखने के लिए वे राम और लक्ष्मण को साथ लेकर मिथिला आये किन्तु नगर से दूर किसी अमराई में ही ठहरे। राम और लक्ष्मण घूमते-घूमते राजधानी में चले गये। वहाँ चण्डिका का मन्दिर था, उसमें गये और चण्डी देवी का नमस्कार किया। संयोगवश उसी समय सीताजी भी अपनी सखियों के साथ चण्डी भगवती का दर्शन करने आयीं। राम ने सीता को देखा और सीता ने राम को देखा। दोनों में सहज अनुराग हो गया। सखियाँ भाँप गयीं। इसी बीच किसीचेटी ने आकर सीता से कहा कि माताएँ आपको अलंकार पहनाने के लिए बुला रही हैं। सीता चली गयीं। राम और लक्ष्मण भी विश्वामित्र के पास चले आये।

तृतीय अंक

राजा जनक अपने पुरोहित शतानन्द के साथ विश्वामित्र के पास आए। शिष्टाचार-प्रतिपालन के बाद आपस में एक-दूसरे से परिचित हुए। विश्वामित्र ने राजा जनक के वंश आदि की प्रशंसा की और जनक ने विश्वामित्र की तपस्वी होने एवम् वीरता की सराहना की। मुनि विश्वामित्र ने राजा से कहा कि आप धनुष लाने के लिए राम से कहें। राजा जनक को राम की सामर्थ्य पर भरोसा नहीं था, अतः कुछ झिझके और धनुष की गरिमा, प्रभाव आदि का वर्णन करने लगे। उधर मुनि विश्वामित्र ने भी राम की शक्ति का परिचय दिया और स्वयम् राम को धनुष उठा लाने की आज्ञा दी। इतने में परशुराम का संदेश लेकर कोई मुनि आये और जनक से कहा—राजाओं को मारकर वह शिव-परिचारक परशु ऐसा संदेश देता है कि महाराज, आप किसी राजकुमार को कन्यादान कर दें और इस शिवधनुष के उठाने या उठवाने से विरत हो जायँ; अन्यथा आप दण्ड के लिए तैयार रहें। राजा जनक ने कहा कि मेरी प्रतिज्ञा ही ऐसी है तो प्रतिज्ञा का विरोध कैसे करूँगा। राजा जनक ने देखा सभी राजा धनुष उठाने में असफल हो गये। इतने में राम ने बिना आयास के ही शिवधनुष को उठाकर उसे तोड़ दिया। विश्वामित्र प्रसन्न हो गये और राजा के समक्ष प्रस्ताव रखा कि माण्डवी से भरत का, उर्मिला से लक्ष्मण का और श्रुतकीर्ति से शत्रुघ्न का भी विवाह हो जाय। जनक ने सहर्ष इसे स्वीकार कर लिया।

चतुर्थ अंक

जनक को अपनी प्रतिज्ञा पर आरूढ़ सुनकर परशुराम बहुत क्रुद्ध हुए। अत्यन्त क्रोधित होकर आये और पूछा—शिव-धनुष किसने तोड़ा? शतानन्द के शिष्य ताण्ड्यायन की अधूरी बात सुनकर परशुराम ने ऐसा समझा कि रावण ने धनुष तोड़ा है। अतः उसे दण्ड देने के लिए चल पड़े, किन्तु अपनी गलती समझकर लौट आये और ताण्ड्यायन की पूरी बात सुनकर उन्हें ज्ञात हुआ कि रामचन्द्र ने धनुष तोड़ा है। राम के रूप, गम्भीरता आदि को देखकर एक बार अभिभूत तो हुए, किन्तु स्वभाववश कठोर बात बोलने लगे। लक्ष्मण ने भी स्वभाव के कारण कुछ औद्धत्य दिखाया। राम ने उसका निषेध किया। नेपथ्य से जनक और शतानंद की वाणी सुनकर परशुराम ने उपहास किया। परशुराम ने क्रोधावेश में विश्वामित्र का भी अनादर कर दिया। राम थोड़ा विचलित हो गये और परशुराम एवं रामचन्द्र दोनों युद्ध के लिए उपयुक्त भूमि पर उतर पड़े। इतने में लक्ष्मण ने सूचना दी कि राम ने विष्णु धनुष उठा लिया है, इससे परशुराम को यह ज्ञात हो गया कि यह साधारण व्यक्ति नहीं हैं अपितु भगवान् के ही अवतार हैं, अतः परशुराम नम्र हो गये। श्रीराम ने परशुराम को प्रणाम किया। और उन्होंने शुभ आशीर्वादों से उन्हें अलंकृत किया। परशुराम ने जाने के लिए आज्ञा ली और चले गये। राम और लक्ष्मण भी अपने बन्धुजनों को देखने चले गये।

पंचम अंक

गङ्गा नदी ने यमुना नदी से यह पूछा कि तुम क्यों खिन्न-सी दिखाई दे रही हो, यमुना ने बताया कि एक कारण तो यह है कि मेरा भाई बालि अपने छोटे भाई सुग्रीव को बहुत सता रहा है और दूसरा कारण यह है कि दो तरुण जटाधारी पुरुष एक सुन्दर स्त्री के साथ मुझे पारकर दक्षिण दिशा की ओर चलने को उद्यत थें उस सुन्दर स्त्री ने मुझसे प्रार्थना की कि देवी यमुने, फिर अपने कुटुम्ब को दर्शन देने का अनुग्रह कीजिएगा। यह सुनकर गङ्गा, यमुना को साथ लेकर सरयू के पास सन्देह मिटाने गयीं। अनुरोध करने पर सरयू ने बताया कि कैकेयी ने महाराज दशरथ से पूर्व प्रतिश्रुत दो वरों की याचना की—पहले वर से राम को चौदह वर्ष का वनवास और दूसरे से भरत का राज्याभिषेक। कैकेयी की बात सुनते ही राम वन जाने को तैयार हो गये किन्तु सीता और लक्ष्मण भी साथ जाने का आग्रह करने लगे। अतः राम, सीता और लक्ष्मण तीनों वन चले गये। उनके चले जाने पर महाराज दशरथ ने राम के वियोग में शरीर छोड़ दिया। उधर जब भरत ननिहाल से लौटे तो वे भी शोक-सन्तप्त होकर नन्दिग्राम में

ही सांसारिक सुख से पराङ्मुख होकर राम की प्रतीक्षा करते हुए प्रजा-पालन करने लगे। कलहंस के द्वारा यमुना को यह भी ज्ञात हो गया था कि राम, सीता और लक्ष्मण के साथ तीन-चार दिन में अयोध्या का राज्य पारकर, यमुना को भी पारकर गोदावरी के पास चले गये। वहाँ लक्ष्मण ने रावण की बहन शूर्पणखा की नाक काट ली और उसके सहायक राक्षसों को राम ने मार डाला। एक सुवर्णमृग आया था उसका पीछा राम ने किया और लक्ष्मण भी चले गये थे इसी समय एक भिक्षु सीता के पास आया। इसके बाद सभी कहने लगे कि उसके आगे क्या हुआ? यमुना ने कहा—कलहंस ने इतना ही बताया था। आगे की बात जाननी हो तो समुद्र के पास चलना चाहिए, सभी समुद्र के पास गये। वहाँ जाकर देखा कि गोदावरी समुद्र से वही कथा कह रही थीं—स्वर्ण मृग मारीच था, वह स्वर्ग में चला गया। वह भिक्षुक रावण था जिसने सीता को हर लिया और रास्ते में गृधराज जटायु के विघ्न करने पर उसे मार डाला। इसे सुनकर समुद्र मूर्छित हो गया। गङ्गा उन्हें होश में लायीं। तुङ्गभद्रा ने आकर आगे की बात बतायी कि राम ने बालि को मार दिया और सुग्रीव को राजा बना दिया। सुग्रीव बानरों को भेजकर सीता का पता लगा रहे थे।

षष्ठ अंक

सीता के हर जाने के बाद राम वनों में विलाप करते घूमते फिरते थे। उनको लक्ष्मण समझाने का प्रयत्न करते रहते थे, किन्तु रामचंद्र अत्यन्त दु;खी थे। इसी बीच लक्ष्मण ने दो व्यक्तियों को बात करते सुना। उनमें से एक का नाम रत्नशेखर और दूसरे का नाम चम्पकापीडा था। यह रत्नशेखर इन्द्रजाल विद्या में अत्यन्त निपुण था। रावण की पत्नी मन्दोदरी का भाई चित्ररूप (मयदानव का लड़का) बड़ा भारी ऐन्द्रजालिक था; उसी से रत्नशेखर ने यह विद्या सीखी थी। रतन्शेखर चम्पकापीडा से कह रहा था कि मित्र, देखो मैं तुम्हें इन्द्रजाल-विद्या का चमत्कार दिखला रहा हूँ। लंका में इस समय जो कुछ हो रहा है वह सब तुम यहीं बैठेबैठे देख सकते हो। यह सुनकर लक्ष्मण ने राम से भी देखने का आग्रह किया। ऐन्द्रजालिक ने दिखाया—सीता अशोकवाटिका में अशोक की शाखा का सहारा लेकर सोई हुई हैं। उन्होंने स्वप्न में राम को देखा और जागने पर मूर्च्छित हो गयीं। त्रिजटा नाम की राक्षसी ने सीता को आश्वस्त किया। कोई वीर वानर आया जिसने रावण के पुत्र अक्षयकुमार को मार डाला। रावण सीता को मनाने आया। सीता ने उसे फटकारा। रावण तलवार निकालकर मारने के लिए तैयार हो गया और उसने जब सीता का रुधिर लेने के लिए कपाल पात्र माँगा तब हनुमान

ने अक्षयकुमार का कटा मस्तक उसके हाथ पर रख दिया। रावण बेहोश हो गया। होश में आने पर हनुमान को मारने निकल पड़ा। सीता ने अशोक वृक्ष से जल मरने के लिये आग माँगी। अशोक वृक्ष से राम की अँगूठी गिरायी। हनुमानजी सीता के समीप गये और उन्होंने भाई के साथ राम का कुशल, सुग्रीव के साथ मित्रता, बालि का वध और राम की विरहावस्था का वर्णन किया। त्रिजटा के अनुरोध से सीता ने भी राम के लिए प्रतिसंदेश और प्रत्यभिज्ञान के लिए चूडारत्न हनुमान को दिया। हनुमान ने आज्ञा माँगी और चल पड़े। सीता की आज्ञा से आकाशचारिणी त्रिजटा ने पता लगाया कि मेघनाद ने हनुमान को बाँध लिया। उनकी पूँछ में आग लगा दी। उसी आग से हनुमान ने लंका जला दी और समुद्र पार कर चले गये। राम, लक्ष्मण आदि सभी प्रसन्न हुए। इतने में मधुवन का फल खाते हुए नील और अङ्गद के साथ हनुमान् राम के पास आ रहे थे। राम आदि उनका आना सुनकर अगवानी के लिए चले।

सप्तम अंक

एक बार विभीषण ने रावण को एक लिखित विनम्र पत्र दिया जिसमें लिखा था कि अपना कल्याण चाहनेवाले को दूसरी स्त्री का मस्तक तक नहीं देखना चाहिए। रावण ने उस पत्र का बड़ा उपहास किया। पुनः अपने बड़े भाई के कल्याण की चिन्ता करनेवाले विभीषण ने रावण को नीति-मार्ग से समझाना चाहा, किन्तु रावण ने विभीषण की छाती में लात मारकर उसे निकाल दिया। दुर्भाग्यग्रस्त व्यक्ति को अपनी भलाई का ज्ञान नहीं होता। विभीषण कुछ लोगों के साथ राम की शरण में चले गये। उधर रावण सीता के लिए व्याकुल रहने लगा, वह मदन-ज्वर से पीड़ित था। उसका उपचार किया जा रहा था। काम-पीड़ित रावण के मनोविनोद के लिए उसके सचिव प्रहस्त ने एक चित्र दिखाने की योजना बनायी। उस चित्र में रावण को दिखाया गया कि विकराल जन्तुओं से युक्त समुद्र के उत्तर बहुत बड़ी बानरों की सेना के साथ राम और लक्ष्मण आ गये हैं। पहाड़ों के बड़े-बड़े पत्थरों को लाकर बानरों ने लंका में प्रवेश पाने के लिए समुद्र पर पुल बना लिया था। रावण ने विहंस कर कहा कि बानरों की बोली से मुझे वैसा ही आनन्द हो रहा है जिस प्रकार मन्दोदरी के आभूषणों के शब्दों से होता है। इतने में उदास मन्दोदरी भी रावण के पास आ गयी। रावण की उदासी का कारण पूछने पर प्रहस्त ने बताया कि बानरों की सेना का कोलाहल ही महाराज की उदासी का कारण है। रावण इन सब बातों को मूर्खों का बकवास कहता था और समझानेवालों को आश्वासन देने के लिए उसने कुम्भकर्ण को राम से और मेघनाद को लक्ष्मण से लड़ने

की आज्ञा दी। कुछ दिनों के बाद कुम्भकर्ण और मेघनाद का वध सुनकर रावण और मन्दोदरी दोनों मूर्छित हो गये। चेतना प्राप्त करने के बाद रावण प्रहस्त के साथ राम से लड़ने चला और मन्दोदरी कुल देवता का पूजन करने चली गयी। राम और रावण में युद्ध प्रारम्भ हो गया। इस भयंकर युद्ध को विद्याधर, देव, किंनर, गन्धर्व सभी देखने आये। विद्याधर ने कहा कि जब रावण के बाण से आहत लक्ष्मण कराहने लगे और राम विलाप करने लगे तब हनुमान ने गन्धमादन पर्वत को ही ला दिया और औषध सूँघते ही लक्ष्मण स्वस्थ हो गये। नेपथ्य से बानरों और राक्षसों का विवाद सुनाई पड़ रहा था, जिसमें दोनों अपने-अपने स्वामियों की प्रशंसा करते नहीं अघाते थे। वहीं से राम, लक्ष्मण और रावण की उक्ति-प्रत्युक्तियाँ सुनायी पड़ रही थीं। इतने में राम के बाण से ताड़ित होकर रावण पृथ्वी पर गिर गया। विद्याधर ने अपनी प्रिया को बताया कि सीता को अग्नि-प्रवेश कराया गया और तपस्विनी सीता विमल रूप में आग से बाहर चली आयीं, वे राम के पार्श्व में खड़ी हो गयीं'। राम लक्ष्मण, विभीषण और सुग्रीव आदि सब एकत्र हो गये। सभी अत्यन्त प्रसन्न थे। इतने में चन्द्रोदय हो गया। चन्द्रमा के सौन्दर्य से प्रभावित होकर सभी उसके सम्बन्ध में उत्प्रेक्षापूर्ण कविता सुनाने लगे। सीता की कविताएँ भी किसी से न्यून न थीं। इतने में लक्ष्मण की कविता में यह सुनकर कि चन्द्रमा उसी प्रकार आकाश को लाँघ रहा है जिस प्रकार हनुमान समुद्र लाँघ गये, सीता को हनुमानजी का स्मरण हो आया, उन्होंने पूछा कि हनुमानजी कहाँ हैं? लक्ष्मण ने बताया कि वे भैया भरत के पास संदेश लेकर गये हैं। राम ने थोड़ी देर विभीषण से मन्त्रणा की और सभी पुष्पक विमान पर आरूढ़ होकर अयोध्या को चल दिये। वनों, पर्वतों की शोभा देखते, चित्रकूट का दर्शन करते और प्रयागराज में भरद्वाज के आश्रम के पास पहुँचे थे कि सूर्योदय होने लगा और सभी पुष्पक विमान पर बैठे-बैठे सूर्योदय पर अपनी उत्प्रेक्षाएँ सुनाते रहे। जब विमान अयोध्या पहुँचा तो लोगों ने देखा नगरवासियों के साथ वसिष्ठ भी स्वागतार्थ आये हैं। सबने विमान से उतर जाना उचित समझा। सूर्य भगवान को नमस्कार कर उतर ही रहे थे कि सूर्य ने पूछा—तुम्हारे लिए और क्या करूँ? इस पर सुग्रीव ने कहा—हे पिता जी, भगवान् राम ने सभी कार्य कर ही दिया है किन्तु फिर भी आपकी कृपा से ऐसा हो कि सभी शास्त्रज्ञ हों, हरि और हर में सबकी अभेद बुद्धि हो और सज्जनों के यहाँ सरस्वती के साथ लक्ष्मी का निवास हो। राम आदि सभी पुष्पक विमान से उतर गये।